"杭州职业技术学院文库"

①第二届黄炎培职业教育思想研究规划课题：新时代黄炎培职业素养观传承发展与创新研究　编号：　ZJS2024ZN043

② 2023 年度浙江省人力资源和社会保障课题：基于大数据分析的先进制造业人才需求与培养策略研究　编号：2023055

管理大数据： 汽车制造班组应用

程　琼◎著

吉林出版集团股份有限公司

图书在版编目（CIP）数据

管理大数据：汽车制造班组应用 / 程琼著. 一 长
春：吉林出版集团股份有限公司，2024.4
ISBN 978-7-5731-4844-5

Ⅰ．①管… Ⅱ．①程… Ⅲ．①汽车－车辆制造－班组
管理 Ⅳ．①U466

中国国家版本馆CIP数据核字（2024）第 081658 号

管理大数据：汽车制造班组应用

GUANLI DASHUJU：QICHE ZHIZAO BANZU YINGYONG

著　　者	程　琼
责任编辑	滕　林　王艳平
封面设计	林　吉
开　　本	787 mm×1092 mm　1/16
字　　数	133 千
印　　张	13
版　　次	2024 年 4 月第 1 版
印　　次	2024 年 4 月第 1 次印刷
出版发行	吉林出版集团股份有限公司
电　　话	总编办：010-63109269
	发行部：010-63109269
印　　刷	廊坊市广阳区九洲印刷厂

ISBN 978-7-5731-4844-5　　　　　　　　　　　　定价：78.00 元

前　言

随着科技的不断发展和应用，大数据已经成为许多行业的重要驱动力和核心竞争力之一。在汽车制造行业，大数据的应用也日益广泛，在提高生产效率、优化生产流程、改善产品质量等方面发挥着重要作用。汽车制造班组作为生产线上的基本单位，其管理也不例外地受益于大数据技术的发展。

在汽车制造行业中，班组是生产环节中至关重要的一环。班组的协调运作直接关系到整个生产流程的效率和产品质量。因此，在汽车制造领域，班组的管理和运作策略尤为重要。随着汽车制造技术的不断进步和市场竞争的日益激烈，班组管理面临着新的挑战和机遇。如何有效地组织和管理班组，提高生产效率、降低生产成本、保证产品质量，成为了每个汽车制造企业都需要面对的问题。

本书将探讨大数据在汽车制造班组管理中的应用。通过对大数据技术在班组生产过程中的运用进行深入研究和分析，探索如何利用大数据技术优化生产计划、提高生产效率、改善资源利用情况、增强产品质量等方面的问题。

由于笔者水平有限，本书难免存在不妥甚至谬误之处，敬请广大学界同人与读者朋友批评指正。

程　琼

2024 年 1 月

目　录

第一章　汽车制造班组概述 1

　　第一节　汽车制造班组的定义 1

　　第二节　汽车制造班组的组成 2

　　第三节　汽车制造班组的责任 9

　　第四节　汽车制造班组的发展趋势 15

第二章　大数据在汽车制造班组生产计划中的应用 37

　　第一节　智能化生产计划与排程 37

　　第二节　数据驱动的生产任务分配 56

　　第三节　实时生产进度监控 63

　　第四节　异常预警与调整 73

第三章　大数据在汽车制造班组质量管理中的应用 79

　　第一节　缺陷分析与根因识别 79

　　第二节　品质预测与质量改进 92

　　第三节　供应链质量管理 98

第四章　大数据在汽车制造班组安全与环保管理中的应用 105

　　第一节　风险预测与预防 105

　　第二节　安全意识培训与管理 108

第三节　环境监测与资源利用优化 117

第四节　废物处理与回收利用 127

第五章　大数据在汽车制造班组设备维护与管理中的应用 132

第一节　设备状态监测与预测性维护 132

第二节　维修历史与维护记录管理 142

第三节　零部件库存与备件管理 147

第四节　设备故障分析与改进 155

第五节　设备效率与利用率提升 162

第六章　大数据在汽车制造班组团队合作与沟通中的应用 167

第一节　团队绩效分析与评估 167

第二节　沟通效率优化 175

第三节　团队知识共享与协作平台 185

参考文献 199

第一章　汽车制造班组概述

第一节　汽车制造班组的定义

汽车制造班组作为汽车生产线上的基本组织单位，在生产过程中扮演着至关重要的角色。他们负责执行具体的生产任务和管理工作。在汽车制造工艺中，各个环节的工作任务需要通过班组的协同配合来完成，包括汽车组装、生产和检测等环节。班组成员通常由经过专业培训的工人和技术人员组成，他们大都具备丰富的技术经验和操作技能，能够胜任各种复杂的生产任务。

汽车制造班组是汽车制造企业中不可或缺的基本生产单位。在整个汽车生产过程中，班组直接负责完成具体的生产任务，承担着保障生产进度和产品质量的重要责任。他们密切配合，高效协同，确保生产线的顺畅运转和生产任务的顺利完成。在汽车制造企业的生产体系中，班组是最基层的生产单位，承担着直接生产责任，对提升整个企业的生产效率和确保产品质量起着至关重要的作用。

汽车制造班组还是生产过程中的重要管理单位。他们负责监督和管理生产线上的生产工作，确保生产任务按时完成并达到质量标准。班组成员需要具备良好的团队合作精神和管理能力，能够有效地组织协调生产工作，处理突发情况，并及时调整生产计划以应对各种挑战。因此，汽车制造班组不仅是生产力量，也是管理者，对于企业的生产管理和组织协调起着重要的支撑作用。

汽车制造班组是汽车制造企业实现生产目标和提升竞争力的关键组织形式。他们直接参与到汽车的生产制造过程中，决定了产品的质量和产量。优秀的班组可以高效地完成生产任务，保证产品质量，从而推动企业实现生产目标和提升竞争力。因此，汽车制造企业需要重视班组建设，加强对班组的培训和管理，全面提升班组的整体素质和执行能力，以满足市场竞争的需求，实现企业的可持续发展。

第二节 汽车制造班组的组成

一、班组长

班组长在汽车制造班组中扮演着至关重要的角色。作为班组的领导者，他们负责班组的日常管理和指导工作，是班组成员的重要指导者和协调者。班组长需要具备丰富的管理经验和技能，能够有效地组织协调班组成员，确保生产任务的顺利完成和产品质量的达标。班组长需要对班组成员进行指导和培训，确保他们能够胜任各自的工作任务。班组长需要了解每个成员的能力和特长，合理分配工作任务，并提供必要的技术支持和培训，以提高班组整体的生产效率和质量水平。

班组长还需要负责协调班组内部的合作关系，确保团队的凝聚力和协作性。他们需要处理班组成员之间的矛盾和分歧，促进团队之间的和谐与团结，为实现生产目标创造良好的工作氛围和条件。班组长还要负责与其他部门和班组的沟通和协调工作。他们需要与生产计划部门、质量控制部门等其他相关部门保持密切联系，及时了解生产任务和质量要求，确保班组的工作与整个生产流程的顺畅衔接。班组长还需要对班组的工作进行评估和改进。他们需要定期对班组的工作进行评估和分析，发现问题和不足之处，并及时采取措施加以改进。通过持续的改进工作，提高班组的生产效率和产品质量，推动整个企业的发展和进步。

二、操作工

操作工是生产线上的主要执行者，负责执行具体的生产操作任务，包括汽车组装、零部件安装、机械加工等工作。操作工需要具备丰富的操作经验和技能，熟练掌握各种生产设备和工具的使用方法，以确保生产任务的顺利完成和产品质量的达标。

操作工需要严格遵守操作规程和安全操作规范，确保生产过程安全稳定。他们需要认真执行操作流程，严格按照操作要求进行操作，杜绝违章操作和安全事故的发生。操作工需要具备良好的安全意识和责任心，在生产过程中时刻保持警惕，确保自身和他人的安全。操作工还需要具备团队合作精神，与班组其他成员密切配合，共同完成生产任务。他们需要与班组长和其他成员保持良好的沟通和协作，及时解决生产过程中遇到的问题和困难，确保生产任务按时完成并达到质量要求。

操作工还需要具备一定的技术知识和应急处理能力，能够在生产过程中处理突发情况。他们需要了解常见故障的排除方法和应急处理措施，能够迅速应对各种意外情况，确保生产过程的稳定和顺利进行。

操作工需要不断学习和提升自己的技能水平，适应新技术和新工艺的发展。他们需要关注行业的最新发展动态，学习新的生产技术和操作方法，不断提高自己的专业水平和工作能力，为企业的发展和进步做出贡献。

三、技术人员

技术人员是负责解决生产过程中的技术问题的专业人员，他们承担着生产工艺调整、改进和优化的任务。技术人员通常都具备较高的学历和专业知识，凭借丰富的工作经验和技术技能，能够有效地应对各种复杂的技术挑战和问题。

技术人员需要密切关注生产过程中的技术细节，及时发现和解决存在的问题。他们需要了解汽车制造工艺的各个环节，掌握生产设备和工艺流程的工作原理，能够准确地判断技术问题的根源，并提出解决方案。技术人员需要具备扎实的专业知识和敏锐的技术洞察力，能够快速定位问题并采取有效的措施加以解决。技术人员还需要积极参与生产工艺的调整和改进工作，提出相关的改进建议和优化方案。他们需要深入了解汽车生产过程中存在的问题和瓶颈，并通过技术手段和方法进行分析和优化，提高生产效率和产品质量。技术人员需要具备创新精神和实践能力，能够不断提出创新性的解决方案，推动生产工艺的持续改进和优化。

技术人员还需要与班组其他成员密切合作，共同完成生产任务和工艺改进工作。他们需要与班组长、操作工等其他成员保持良好的沟通和协作，共同解决生产过程中遇到的技术问题，确保生产任务的顺利完成。技术人员需要具备良好的团队合作精神和沟通能力，能够有效地协调各方资源，实现生产目标的达成。

技术人员需要不断学习和提升自己的技术水平和专业知识，以适应汽车制造行业的发展和变化。他们需要关注行业的最新技术动态和发展趋势，不断学习和掌握新的技术知识和技能，为企业的技术创新和发展做出贡献。技术人员需要保持敏锐的学习意识和强烈的求知欲，不断提高自己的专业素养和竞争力，为企业的可持续发展贡献力量。

四、质检人员

质检人员是直接负责对生产出的汽车进行质量检测和把关的专业人员，承担着确保产品质量达标的重要责任。质检人员需要具备丰富的质检经验和专业知识，熟悉质检标准和流程，能够准确地判断汽车的质量问题，并提出改进建议和措施。

质检人员需要密切关注汽车制造过程中的质量问题，及时发现和解决存在的质量隐患。他们需要对汽车的各个部件和组装工艺进行全面、细致的检查，确保每一辆汽车都符合质量标准和要求。质检人员需要具备严谨的工作态度和细致的工作精神，能够认真、全面地进行质量检查，确保产品质量的稳定和可靠。质检人员还需要积极参与质量管理体系的建设和优化，主动提出相关的改进建议和质量改进方案。他们需要深入了解汽车制造过程中存在的质量问题和瓶颈，并通过质量管理手段和方法进行分析和优化，提高产品质量和生产效率。质检人员需要具备创新精神和实践能力，能够不断提出创新性的解决方案，推动质量管理体系的持续改进和优化。

质检人员还需要与班组其他成员密切合作，共同完成质量检测和把关工作。他们需要与操作工、技术人员等其他成员保持良好的沟通和协作，共同解决质量问题。质检人员应有效地协调各方资源，实现质量目标的达成。质检人员需要不断学习和提升自己的质检技能，以适应汽车制造行业的发展和变化。他们需要关注行业的最新质检标准和技术要求，不断学习和掌握新的质检方法，为企业的质量管理工作做出贡献。质检人员需要保持敏锐的学习意识和强烈的求知欲，不断提高自己的质检水平和专业素养，为企业的可持续发展贡献力量。

五、管理人员

管理人员在汽车制造班组中扮演着至关重要的角色。他们是负责管理班组的人事、物资、资金等各项事务的专业人员，承担着协助班组长完成管理任务的重要责任。管理人员需要具备丰富的管理经验和专业知识，能够有效地组织协调班组内部的各项工作，确保班组的正常运转和生产任务的顺利完成。

管理人员需要制定和实施科学合理的管理制度和规章制度，规范班组内部的管理和运作。他们需要根据企业的发展战略和生产计划，制订相应的管理计划和措施，确保班组的生产目标和管理目标的顺利实现。管理人员需要具备较强的组织协调能力和决策能力，能够有效地分配资源，合理安排生产任务，提高生产效率和产品质量。管理人员还需要密切关注汽车制造过程中存在的管理问题和挑战，及时发现和解决存在的管理隐患。他们需要与班组成员密切合作，共同解决生产过程中的管理问题，确保班组的正常运转和生产任务的顺利完成。管理人员需要具备良好的团队合作精神和沟通能力，能够有效地协调各方资源，共同应对各种管理挑战。

管理人员还需要不断学习和提升自己的管理水平和管理能力，以适应汽车制造行业的发展和变化。他们需要关注行业的最新管理理论和管理方法，不断学习和掌握新的管理技能和工具，为企业的管理工作做出贡献。同时，管理人员需要保持敏锐的学习意识和进取心，不断提高自己的管理水平和综合素质，为企业的可持续发展贡献力量。

管理人员还需要积极推动班组的管理体系的建设和优化工作，提出相关的管理改进建议和方案。他们需要与班组其他成员密切合作，共同制订和实施管理改进措施，不断提高班组的管理水平和综合竞争力。管理人员需要具备较强的创新精神和实践能力，能够不断提出创新性的管理解决方案，推动管理体系不断完善和提升。

第三节　汽车制造班组的责任

一、生产任务执行

生产任务执行是汽车制造班组的核心工作之一。班组成员需要严格按照生产计划，认真执行所分配的生产任务，确保按时完成，并保证产品质量。这需要班组成员具备高度的责任感和执行力，能够充分理解生产计划的重要性，严格按照要求执行，确保生产任务的顺利完成。

生产任务执行需要班组成员具备良好的组织协调能力和团队合作精神。他们需要密切配合，相互协作，克服生产过程中遇到的各种困难和挑战，共同完成生产任务。班组成员之间需要建立良好的沟通机制和协作机制，能够及时沟通信息，协调资源，共同解决生产过程中出现的问题，确保生产任务的顺利完成。生产任务执行还需要班组成员具备良好的工作态度和细致的工作精神。他们需要严格按照生产任务的要求进行操作，认真检查每一个细节，确保生产过程中不出现任何质量问题和安全隐患。班组成员需要主动发现和解决生产过程中存在的问题，及时汇报并提出改进建议，确保生产任务的顺利完成和产品质量的稳定。生产任务执行还需要班组成员具备随机应变的能力，他们需要根据生产任务的实际情况灵活调整生产计划，合理安排生产工作，确保生产进度和生产效率。班组成员需要及时跟进生产过程中的变化，灵活应对各种突发情况，做出正确的决策，确保生产任务的顺利完成和产品质量的稳定。

生产任务执行需要班组成员具备持续改进的意识和能力。他们需要不断总结生产过程中的经验教训，发现存在的问题和不足，并提出改进建议和措施，不断优化生产工艺和流程，提高生产效率和产品质量。班组成员需要积极参与生产过程中的改进活动，以推动班组的持续进步，为企业的生产目标和发展战略做出贡献。

二、质量控制

质量控制是汽车制造班组的重要职责之一。班组成员需要首先确保生产过程中严格按照质量管理体系的要求执行，遵循相关的标准和流程，以确保每个生产环节都符合质量要求。他们需要认真检查生产过程中的每一个环节，确保产品在生产过程中不出现任何质量问题和缺陷。质量控制需要班组成员具备深厚的专业知识和丰富的技术经验。他们需要了解汽车制造过程中的各个环节和关键技术，掌握汽车生产的相关标准和要求，能够准确识别和判断产品质量问题，并采取有效措施进行处理。班组成员需要不断学习和提升自己的专业技能，保持对行业最新技术和标准的了解，提高质量控制的水平和能力。

　　质量控制需要班组成员具备严谨的工作态度和细致的工作精神。他们需要严格按照质量管理体系的要求进行操作，认真检查每一个细节，确保产品质量符合标准和客户需求。班组成员需要主动发现和解决生产过程中存在的质量问题，及时采取有效措施进行处理，确保产品质量的稳定和可靠。质量控制需要班组成员具备良好的团队合作精神和沟通能力。他们需要建立良好的沟通机制，密切配合，相互协作，共同解决生产过程中出现的质量问题，一起提高质量控制的水平和能力。质量控制需要班组成员具备持续改进的意识和能力。他们需要不断总结生产过程中的经验教训，发现存在的问题和不足，并提出改进建议和措施，不断优化质量管理体系和流程，提高质量控制的水平和能力。班组成员需要积极参与质量改进活动，推动班组的持续改进和发展，为企业的质量目标和客户满意度做出贡献。

三、安全生产

安全生产是汽车制造班组的首要任务之一。在汽车生产过程中，涉及各种机械设备、化学物质以及高温高压等工作环境，因此安全生产至关重要。班组成员首先要认识到安全生产的重要性，牢固树立安全第一的思想，将安全生产置于工作的首要位置。为了保障安全生产，班组成员需要积极参与安全培训和教育，以增强安全意识和防范意识。他们需要首先了解相关的安全生产法律法规和政策，掌握安全操作规程和应急处理程序，学习安全生产知识和技能，从而提高自身的安全素质和应对突发事件的能力。

班组成员需要积极参与安全检查和隐患排查，及时发现和消除生产过程中存在的安全隐患和问题。他们需要首先认真执行安全操作规程，正确使用并妥善维护生产设备，加强对危险源的管理和控制，确保生产过程中不发生安全事故。

为了保障安全生产，班组成员需要建立健全的安全管理制度，明确各岗位的安全责任和义务。他们需要首先明确各项安全工作的具体责任人和管理人员，建立定期的安全检查和评估制度，加强对安全管理工作的监督和考核，确保安全生产工作的落实和有效性。

班组成员需要及时反馈和处理安全事故和问题，加强安全生产的信息共享和沟通。他们需要首先建立健全的安全事故报告和处理机制，及时报告和处理生产过程中发生的安全事故和问题，加强对安全事故的调查和分析，总结经验教训，及时采取措施加以改进和防范。同时，他们需要加强与其他部门和单位的沟通和合作，共同维护好生产环境和安全秩序，确保安全生产的顺利进行。

四、成本控制

成本控制对于汽车制造班组来说至关重要。在竞争激烈的市场环境下，有效控制生产成本是保证企业盈利的关键。班组成员需要认识到成本控制的重要性，意识到每一项生产活动都会产生成本，从而形成节约成本、提高效益的理念。

为了实现成本控制，班组成员需要积极采取措施，从源头上降低生产成本。首先，他们可以通过合理的物料采购及与供应商进行有效谈判，获取优惠的原材料价格，降低采购成本。其次，他们可以通过优化生产流程和提高生产效率，减少生产过程中的浪费和损耗，降低生产成本。此外，他们还可以通过技术改进和设备更新，提高生产设备的利用率和效能，降低设备维护成本和能源消耗成本。

班组成员需要加强对生产成本的监控和分析，及时发现和解决成本异常波动的问题。首先，他们可以建立健全的成本核算和预算体系，明确各项生产活动的成本构成和预期成本，进行成本控制的目标管理。其次，他们可以利用财务报表和成本分析工具，对生产成本进行定期监控和分析，及时发现和解决成本异常波动的原因，提出降低成本的具体措施。

班组成员需要加强与其他部门和单位的沟通和合作，共同推动成本控制工作的落实和实施。首先，他们可以与供应商和客户密切合作，共同寻求降低成本的途径，促进成本的共享，共创共赢局面。其次，他们可以与其他班组和部门开展跨部门的成本控制项目，共同优化生产流程和资源配置，降低整体生产成本。

成本控制是汽车制造班组必须重视的重要工作之一。班组成员需要加强对成本控制理念的认识，采取有效的措施降低生产成本，加强成本监控和分析，与其他部门和单位加强合作，共同推动成本控制工作的落实和实施，从而实现企业经济效益的提高。

第四节　汽车制造班组的发展趋势

一、智能化生产

（一）自动化设备引入

自动化设备的引入将大幅提高生产线的效率。智能机器人和自动化生产线能够在不需要人工干预的情况下完成大部分生产任务，这种高度的自动化生产模式大大减少了人工操作的时间和成本。传统的生产线可能需要大量的人力投入来完成重复性、低价值的工作，而自动化设备的引入使得这些工作可以由机器人来完成，从而释放出人力资源，让人员可以更专注于高级别的任务和创新工作。自动化设备的引入能够提升生产线的灵活性。智能机器人和自动化生产线通常具有较高的灵活性和适应性，它们可以根据生产需求进行快速调整和转换。相比之下，传统的生产线可能需要进行烦琐的改造和调整才能适应新的生产任务，而这些改造往往需要较长的时间和高昂的成本。自动化设备的引入可以使生产线更具弹性，能够更快速地应对市场和客户需求的变化，从而提高生产线的适应性和竞争力。

自动化设备的引入还能够提高产品质量和确保产品的一致性。智能机器人和自动化生产线能够精确控制生产过程的各个环节，减少人为操作的误差和变异，从而提高产品的质量和可靠性。这种高度的自动化生产模式能够确保每个产品都符合同一标准，降低因人为因素导致的产品质量波动，提高产品的整体品质和可靠性。自动化设备的引入将推动生产线的智能化发展。智能机器人和自动化生产线通常配备了先进的感知和控制系统，能够实现自主学习和自适应调节。这使得生产线能够根据实时数据和环境变化进行智能化调整和优化，提高了生产线的智能化水平。随着人工智能和物联网技术的不断发展，未来的自动化设备将具备更强大的智能化能力，能够实现更高水平的智能化生产和管理。

自动化设备的引入对提升生产线的效率、灵活性、产品质量和智能化水平具有重要意义。随着技术的不断发展和应用，自动化设备将在汽车制造业的生产领域发挥越来越重要的作用，推动行业向着更高效、更智能的方向发展。

（二）物联网技术应用

物联网技术的应用将实现设备之间的实时通信和数据共享。通过建立物联网系统，不同的设备可以实现互联互通，实现数据的实时传输和共享。这意味着设备之间可以实现更加紧密的协作和协调，提高生产过程的整体效率和协同性。例如，在汽车制造过程中，各个生产环节的设备可以实时共享生产数据和工艺参数，从而实现生产过程的智能化控制和优化，提高了生产效率和产品质量。

物联网技术的应用将实现对设备状态和运行情况的实时监测和管理。通过物联网系统，管理人员可以对各个设备的运行状态、工作效率和能耗等数据进行实时监测和分析。这使得管理人员可以随时了解设备的运行情况，并及时发现和解决潜在的问题，从而提高了设备的可靠性和稳定性。例如，在汽车制造中，可以利用物联网技术对生产线上的设备进行实时监测，及时发现设备故障或异常，从而减少了生产线停机时间和维修成本。物联网技术的应用还将实现对生产过程的实时追踪和监控。通过物联网系统，可以实时追踪生产过程中的每个环节和节点，监控生产进度和质量情况。这使得管理人员可以随时了解生产进度和产品质量，及时发现和解决生产过程中的问题，从而提高了生产效率和产品质量。例如，在汽车制造中，可以利用物联网技术对零部件的生产和运输过程进行实时监控，确保零部件按时到达生产线并符合质量要求。物联网技术的应用还将实现对生产资源和能源的智能管理和优化。通过物联网系统，可以对生产资源和能源的使用情况进行实时监测和分析，找出资源浪费和能源消耗的问题，并制定相应的节能减排措施。这有助于降低生产成本和减轻环境污染，提高了生产过程的可持续性和环保性。例如，在汽车制造中，可以利用物联网技术对生产设备的能源消耗进行实时监测，找出能源消耗高的设备并采取措施降低能源消耗，从而节约能源成本和减少碳排放。

物联网技术的应用将对汽车制造业的生产过程和管理方式带来深刻的变革。通过实现设备之间的互联互通、实时监测和追踪、资源智能管理等功能，物联网技术将大幅提升生产效率、产品质量和资源利用效率，推动汽车制造业向着更加智能化、数字化和可持续发展的方向迈进。

（三）数据驱动管理

数据驱动管理在班组管理中具有重要的作用。通过使用数据分析技术，班组管理者可以实现对生产过程的实时监测和优化。首先，他们可以收集各个生产环节的数据，包括生产速度、设备运行状态、产品质量等方面的数据，并通过数据分析技术进行实时监测和分析。其次，班组管理者可以根据数据分析的结果，及时发现生产过程中的问题和瓶颈，并采取相应的优化措施，以提高生产效率和产品质量。通过数据驱动的管理方式，班组管理者可以更加科学地指导生产工作，实现生产过程的持续改进和优化。

数据驱动管理可以帮助班组管理者进行决策和规划。通过对大量生产数据的分析，班组管理者可以了解生产情况的变化趋势和规律，从而为未来的生产计划和决策提供参考依据。首先，他们可以根据数据分析的结果，制订更加合理的生产计划和排程，以最大程度地发挥设备和人力资源的效益。其次，班组管理者可以通过数据分析技术进行成本效益分析，评估不同生产方案的经济效益，为企业的长远发展提供决策支持。通过数据驱动的管理方式，班组管理者可以更加科学地进行生产管理和规划，提高企业的竞争力和盈利能力。

数据驱动管理有助于班组管理者进行绩效评估和考核。通过对生产数据的分析和比较，班组管理者可以及时评估班组成员的绩效表现，发现问题并采取相应的改进措施。首先，他们可以根据生产数据的分析结果，对班组成员的工作表现进行定量评价，量化考核指标，从而更加客观地评价员工的绩效水平。其次，班组管理者可以通过数据分析技术发现班组成员的优点和不足之处，并针对性地进行培训和辅导，提高员工的工作能力和绩效水平。通过数据驱动的绩效评估和考核方式，班组管理者可以更加公平、公正地进行管理，激发员工的工作积极性和创造力，进一步提高班组的整体绩效水平。

数据驱动管理有助于班组管理者持续改进和优化生产过程。通过对生产数据的不断分析和总结，班组管理者可以发现生产过程中存在的问题和隐患,并及时采取改进措施,推动生产过程的持续改进和优化。

首先,他们可以通过数据分析技术识别出生产过程中的瓶颈和短板,并采取相应的改进措施,优化生产流程,提高生产效率。其次,班组管理者可以通过数据驱动的管理方式,持续跟踪和监测生产过程的变化,及时发现问题并进行调整和改进。通过持续改进和优化,班组管理者可以不断提高生产效率和产品质量,为企业的可持续发展提供强有力的支撑。

(四) 虚拟仿真技术

虚拟仿真技术在汽车制造班组管理中具有重要的作用。通过应用虚拟仿真技术,班组管理者可以对生产过程进行高度精细化的模拟和优化,从而减少生产线上的试错成本。首先,虚拟仿真技术可以模拟生产过程中的各个环节,包括设备运行、物料流动、人员操作等,帮助班组管理者全面了解生产过程的运行情况。其次,班组管理者可以通过虚拟仿真技术对生产过程进行优化,发现潜在的问题和瓶颈,并采取相应的改进措施,提高生产效率和产品质量。通过虚拟仿真技术的应用,班组管理者可以在实际生产之前进行充分的预判和优化,降低生产过程中的试错成本,提高整体生产效能。

虚拟仿真技术可以提升班组成员的技能水平和工作效率。通过虚拟仿真技术，班组成员可以在虚拟环境中进行各种生产操作和工艺流程的模拟练习，提升操作技能和应变能力。首先，他们可以通过虚拟仿真技术了解生产设备的运行原理和操作方法，熟悉生产流程和操作流程，提前排除操作中可能遇到的问题。其次，班组成员可以在虚拟环境中进行反复练习和模拟，掌握各种复杂操作技能，提高工作效率和生产质量。通过虚拟仿真技术的应用，班组成员可以在实际生产中更加熟练地操作设备，降低操作失误和事故风险。

虚拟仿真技术可以提高班组管理者对生产过程的控制能力和决策水平。通过虚拟仿真技术，班组管理者可以对生产过程进行全面的监控和分析，了解生产环节的运行情况和生产效率。首先，他们可以通过虚拟仿真技术实现对生产过程的实时监测，发现生产过程中的异常情况，并及时采取措施进行调整和处理。其次，班组管理者可以通过虚拟仿真技术进行生产计划和排程的优化，合理安排生产任务和资源配置，提高生产效率和资源利用率。通过虚拟仿真技术的应用，班组管理者可以更加科学地指导生产工作，进一步提高生产效率和产品质量。

虚拟仿真技术的应用还可以促进班组间的协作和沟通。通过虚拟仿真技术，不同班组之间可以实现生产信息的共享和交流，加强协作和沟通，提高工作效率和协作效果。首先，各个班组可以通过虚拟仿真技术了解其他班组的生产情况和工作进展，及时发现问题并协调解决。其次，班组管理者可以通过虚拟仿真技术实现对不同班组的指导和监督，统一生产标准和操作规程，提高生产一致性和稳定性。通过虚拟仿真技术的应用，班组之间可以更加紧密地协作，共同推动生产过程的优化和改进。

（五）云端管理平台建设

云端管理平台的建设对于汽车制造班组的管理具有重要意义。通过建立云端管理平台，可以实现对生产数据的集中存储和管理，提高信息化水平，促进班组管理的科学化和智能化。首先，云端管理平台可以将各个班组的生产数据集中存储在云端服务器上，实现数据的统一管理和共享。班组管理者可以通过登录云端管理平台，随时随地获取生产数据和信息，了解生产情况和工作进展，及时发现问题并处理。其次，云端管理平台可以实现对生产数据的多维分析和挖掘，帮助班组管理者发现数据之间的关联性和规律性，为决策提供科学依据。通过云端管理平台的建设，班组管理者可以更加全面地了解生产情况，做出科学决策，提高生产效率和产品质量。

云端管理平台的建设可以促进班组之间的协作和沟通。通过建立云端管理平台，不同班组之间可以实现生产信息的共享和交流，加强协作和沟通，提高工作效率和增强协作效果。首先，各个班组可以将生产数据和信息上传至云端管理平台，实现数据的共享和交流。班组管理者可以通过云端管理平台查看其他班组的生产情况和工作进展，及时了解其他班组的需求和问题，并进行协调解决。其次，云端管理平台可以实现对班组之间的任务分配和进度跟踪，提高生产计划的执行和协调效率。通过云端管理平台的建设，班组之间可以更加紧密地协作，共同推动生产过程的优化和改进。

云端管理平台的建设还可以提高班组管理的智能化水平。通过建立云端管理平台，可以实现对生产数据的自动采集、分析和处理，提高数据处理的效率和精度，降低人工干预的成本和风险。首先，云端管理平台可以通过数据采集设备实现对生产现场的实时监测和数据采集，将生产数据上传至云端服务器进行处理和分析。其次，云端管理平台可以利用人工智能和大数据分析技术对生产数据进行深度挖掘和分析，发现数据之间的关联性和规律性，为决策提供科学依据。通过云端管理平台的建设，班组管理者可以更加智能地指导生产工作，提高生产效率和产品质量。

二、数据化决策

（一）大数据采集与分析

大数据采集与分析在汽车制造班组管理中具有重要作用。建立全面的数据采集系统是实现大数据采集与分析的关键一步。首先，对于汽车制造环节中涉及的各种生产数据，如生产线上的传感器数据、工人操作数据、零部件信息等，需要建立全面的数据采集系统，以确保涵盖生产过程中的各个方面。这意味着需要在生产线上安装各类传感器和数据采集设备，实时监测和采集生产过程中的数据。通过数据采集系统的建立，可以实现对生产环节的全面监控和数据采集，为后续的数据分析提供丰富的数据来源。

大数据采集与分析可以帮助班组管理者更好地了解生产过程并进行实时监控和分析。通过建立全面的数据采集系统，班组管理者可以及时获取生产过程中产生的各类数据，包括生产设备状态数据、生产工艺数据、产品质量数据等。这些数据可以帮助班组管理者全面了解生产过程的运行情况，发现潜在问题并及时采取措施加以解决。此外，通过数据分析技术，可以对大量数据进行实时分析和挖掘，发现生产过程中存在的问题和瓶颈，并给出相应的优化建议。这样，班组管理者可以根据数据分析的结果，及时调整生产策略，提高生产效率和产品质量。

（二）数据挖掘技术应用

数据挖掘技术在汽车制造班组管理中具有重要意义。随着信息化程度的提升，生产过程中产生的数据量呈指数级增长，而这些数据包含着丰富的信息和潜在的价值。数据挖掘技术作为一种有效的数据分析方法，可以帮助班组管理者从大量数据中挖掘出隐藏的规律、趋势和异常，为生产管理提供科学依据。

数据挖掘技术的应用可以帮助班组管理者更加全面地了解生产过程。通过对生产数据的挖掘分析，可以深入了解生产过程中的各个环节、工艺和参数，发现其中的关联性、影响因素和规律性。这有助于班组管理者深入了解生产过程的运行情况，把握生产过程中的关键节点和因素，为提高生产效率和产品质量提供依据。数据挖掘技术的应用可以帮助班组管理者发现生产过程中的潜在问题和改进机会。通过对生产数据的分析，可以及时发现生产过程中的异常情况、缺陷和隐患，提前预警和早期干预，防止问题进一步扩大或者演变成生产事故。同时，数据挖掘还可以发现生产过程中的改进机会，帮助班组管理者优化生产流程、提高生产效率和产品质量。数据挖掘技术的应用可以为班组管理者提供数据驱动的决策支持。通过对生产数据的挖掘和分析，可以为班组管理者提供客观、科学的数据依据，帮助其做出准确、及时的决策。例如，可以根据数据挖掘的结果调整生产计划、优化生产流程和资源配置等，以最大程度地提高生产效率和产品质量。

数据挖掘技术的应用可以促进班组管理的持续改进和提升。通过对生产数据的挖掘和分析，可以不断发现生产过程中的问题和改进空间，为班组管理者提供改进方向和思路。这有助于班组管理者不断改进管理方法和优化工作流程，提升班组管理水平和工作效率，推动班组管理向着更加科学、智能化的方向发展。

（三）实时数据监控

实时数据监控是汽车制造班组管理中至关重要的一环。随着制造业的数字化和智能化进程加速，实时数据监控成为了提高生产效率和产品质量的关键手段。通过实时监控生产过程中的关键数据指标，班组管理者能够及时了解生产情况，发现潜在问题，并迅速采取相应的措施，以确保生产进度顺利推进，产品质量得到稳定保障。

实时数据监控可以帮助班组管理者提高对生产过程的管控能力。通过实时监控生产线上的各项数据，班组管理者可以全面了解生产状态和生产效率，及时发现生产过程中可能存在的问题和瓶颈，进行调整和优化，以提高生产效率和资源利用率。同时，实时数据监控还能够帮助班组管理者制订合理的生产计划和调度方案，确保生产任务按时完成，并有效应对生产过程中的突发情况。实时数据监控是实现生产过程可视化的重要手段。通过实时监控系统，班组管理者可以实时查看生产过程中各个环节的运行状态和生产指标，了解生产进度和生产效率，以及产品质量情况。这种可视化的监控方式有助于班组管理者及时发现异常情况，并快速做出反应，提高了生产过程的透明度和可控性。

实时数据监控可以帮助班组管理者实现生产过程的智能化和自动化。通过与先进的数据分析和人工智能技术结合，实时监控系统可以实现对生产过程的智能诊断和预测，提前发现生产过程中可能存在的问题和风险，并自动采取相应的措施进行调整和优化，从而实现生产过程的自动化管理和智能化控制。

实时数据监控还可以帮助班组管理者实现生产过程的持续改进和优化。通过对生产过程中的实时数据进行监控和分析，班组管理者可以不断发现生产过程中存在的问题和改进空间，及时采取相应的措施进行调整和优化，提高生产效率和产品质量。这种持续改进的机制有助于班组管理者不断提升企业竞争力，推动企业持续发展。

（四）数据可视化展示

数据可视化展示在汽车制造班组管理中扮演着至关重要的角色。通过将复杂的生产数据转化为直观、易于理解的图表和报表，为班组管理者提供了直观的数据展示方式，帮助其更好地理解和分析生产情况，从而做出更准确、更科学的决策。

数据可视化展示可以帮助班组管理者快速识别生产过程中的异常情况和潜在问题。通过实时监控生产数据，并将其以直观的图表和报表形式呈现，班组管理者可以一目了然地发现生产过程中的异常波动和趋势，及时采取相应的措施进行调整和优化，以防止问题进一步扩大，确保生产过程的稳定和顺利进行。数据可视化展示可以帮助班组管理者综合分析和优化生产过程，通过将各个环节的生产数据进行汇总和对比，以及对历史数据和实时数据的分析，班组管理者可以发现生产过程中潜在的问题和改进的空间，为生产过程的优化提供依据和方向。同时，数据可视化展示还可以帮助班组管理者进行生产计划的制订和调整，根据实际生产情况灵活调度，以确保生产任务的按时完成和生产效率的提升。数据可视化展示还可以促进班组内部和企业内部的信息共享和沟通。通过将生产数据以直观的形式展示在大屏幕或报表上，可以实现班组成员之间的信息共享和交流，增强团队合作意识，提高班组整体的协作效率。同时，数据可视化展示还可以帮助班组管理者与其他部门之间进行信息对接和协同，促进企业内部资源的共享和协作。

（五）预测分析应用

预测分析应用在汽车制造班组管理中具有重要意义。随着市场需求的变化和技术的不断发展，班组需要能够预测未来的生产趋势，以便及时调整生产计划和资源配置，更好地满足市场需求。预测分析技术可以通过对历史生产数据的分析和建模，结合市场趋势和外部环境因素，预测未来生产需求和趋势的变化，为班组管理者提供科学的决策依据和指导，帮助其制订合理的生产计划和策略，以应对市场的变化和挑战。

预测分析应用可以帮助班组管理者更好地管理生产资源和调整生产策略。通过对未来生产需求和趋势的预测，班组管理者可以及时调整生产计划和生产线配置，合理安排生产资源和人力资源，以满足未来的生产需求。预测分析技术还可以帮助班组管理者评估各种生产策略的风险和效益，选择最优的生产方案，最大程度地提高生产效率和经济效益。预测分析应用可以帮助班组管理者更好地应对市场竞争和产品变化。通过对市场趋势和竞争对手的分析，预测未来市场的发展趋势和竞争态势，班组管理者可以及时调整生产策略和产品结构，开发新产品和提升服务质量，提升产品品质和技术水平，以满足市场需求，保持竞争优势。预测分析技术还可以帮助班组管理者识别和把握市场机会，制订相应的市场营销策略，这将有助于企业拓展市场份额，进一步提升企业的市场竞争力和盈利能力。

三、精益化生产

（一）"5S"实践推广

"5S" [Seiri（整理）、Seiton（排序）、Seiso（清扫）、Seiketsu（标准化）、Shitsuke（维护）]实践推广在汽车制造班组管理中具有重要意义。"5S"管理法源于日本，是一种系统的管理方法，通过整理、排序、清扫、标准化和维护等一系列活动，对生产现场进行全面管理和优化，以提高生产效率、质量和安全水平。

推广"5S"管理法可以优化生产现场环境，提高生产效率。通过整理和排序，清除生产现场中的无用物品和杂物，使工作场所更加整洁、有序，减少生产过程中的浪费和冗余，提高生产效率和生产效益。同时，通过清扫和标准化，建立生产现场的清洁和秩序标准，规范生产操作流程，提高生产质量和生产速度，降低生产过程中的操作失误，进而提高生产效率。推广"5S"管理法可以提高产品质量和安全水平。通过整理和排序，清除生产现场中的杂物和隐患，确保生产过程安全稳定，产品质量达标。同时，通过清扫和标准化，规范生产操作流程，减少生产过程中的失误，提高产品质量和合格率，保证产品符合客户需求和标准要求。

推广"5S"管理法可以促进班组成员的团队合作和精神文明建设。通过整理和排序，营造良好的工作环境和氛围，增强班组成员的团队意识和集体荣誉感，激发其积极性和创造力，进而提高班组整体的协作效率和生产效能。同时，通过清扫和标准化，建立生产现场的清洁和秩序标准，培养班组成员良好的工作习惯和纪律意识，提高其职业素养和精神品质，从而推动班组精神文明建设和团队建设。

（二）流程优化改进

流程优化改进是汽车制造班组管理中的重要一环。通过不断优化生产流程，企业可以降低生产成本，提高生产效率，增强企业的竞争力。流程优化的关键在于识别和消除生产过程中的瓶颈和不必要的环节。这需要班组管理人员对整个生产流程有深入的了解，以便发现问题并采取相应的改进措施。

流程优化改进需要秉承全员参与和持续改进的理念。班组成员应该积极参与流程优化的讨论和实施过程，分享彼此的经验和见解，共同找出问题所在并制订改进方案。此外，流程优化不是一次性的任务，而是一个持续改进的过程。班组管理人员需要不断地监测生产流程，及时调整和优化，以确保流程的持续改善。流程优化需要科学的方法和工具支持。班组管理人员可以运用诸如精益生产、六西格玛等质量管理方法和工具，对生产流程进行深入分析和改进。同时，借助信息化技术，采用流程仿真软件等工具，对不同的流程方案进行模拟和比较，找出最优的生产流程方案。

流程优化改进还需要与供应商和客户进行有效的沟通和协作。供应商和客户的要求和反馈是流程优化的重要参考依据，班组管理人员应该与供应商和客户保持密切的沟通，了解他们的需求和期望，并将其纳入到流程优化改进的考虑范围内。

（三）持续改进文化建设

建立持续改进的文化需要从领导层开始。班组管理人员应该向员工展示对持续改进的重视和支持，树立良好的榜样。领导层的积极参与和领导能力对于建立持续改进的文化至关重要。领导层通过定期组织持续改进培训、制定激励政策等方式，引导员工树立改进意识，培养持续改进的习惯。

建立持续改进的文化需要加强员工的参与和沟通。班组管理人员应该鼓励员工积极参与持续改进活动，建立开放的沟通机制，鼓励员工提出改进建议，并认真对待员工的意见和建议。同时，班组管理人员也需要及时向员工反馈改进情况，让员工感受到自己的意见得到了重视和采纳，从而提高他们参与的积极性。建立持续改进的文化需要不断强化学习和分享的氛围。班组管理人员可以组织员工参加持续改进相关的培训，提升员工的改进能力。同时，也可以建立员工之间的学习和分享平台，鼓励员工分享改进经验和成功案例，促进改进文化的传播和融合。

建立持续改进的文化需要建立健全的改进机制和流程。班组管理人员应该建立清晰的改进流程和标准，规范改进活动的开展和实施。同时，也要建立有效的改进评估和反馈机制，对改进效果进行评估和总结，及时调整和完善改进措施，确保持续改进的顺利进行。

建立持续改进的文化需要持之以恒。班组管理人员应该将持续改进视为一项长期的工作任务，持续地开展改进活动，不断提升班组的改进能力。只有坚持不懈地进行改进，才能真正建立起持续改进的文化，为班组的发展和进步提供持续动力。

（四）紧凑生产排程

紧凑生产排程的重要性在于最大限度地提高生产效率和资源利用率。要实现紧凑生产排程，首先需要对整个生产流程进行全面分析和评估。这包括从原材料采购到成品出库的每个环节，以及各个环节之间的关联和依赖关系。只有全面了解生产流程，才能有针对性地制订紧凑的生产排程。紧凑生产排程需要借助先进的排程工具和技术。现代化的排程软件可以根据生产资源的情况和生产任务的需求，自动优化生产排程，使得生产计划更加紧凑和高效。同时，还可以利用数据分析技术对生产数据进行挖掘和分析，发现生产过程中的瓶颈和优化空间，进一步优化生产排程。

紧凑生产排程需要加强生产现场的协调和沟通。班组管理人员应该与生产调度人员密切配合，及时了解生产任务的变化和生产资源的情况，调整生产排程。同时，还需要与供应链管理部门和其他相关部门保持良好的沟通，协调各方资源，确保生产排程的顺利执行。

紧凑生产排程也需要注重生产过程中的灵活性和应变能力。在实际生产过程中，难免会出现一些意外情况和突发事件，可能会影响到原定的生产排程。班组管理人员应该具备应对突发情况的能力，及时调整生产排程，保证生产任务的顺利完成。

紧凑生产排程需要不断进行监控和评估。班组管理人员应该建立健全的生产排程监控机制，定期对生产排程进行跟踪和评估，发现问题及时进行调整和优化。通过持续的监控和评估，不断改进生产排程，提高生产效率和资源利用率，实现紧凑生产排程的目标。

（五）质量管理提升

质量管理提升是企业持续发展和提高竞争力的关键因素之一。在当今竞争激烈的市场环境中，产品质量直接关系到企业的声誉和市场地位。因此，首先需要建立完善的质量管理体系，确保产品质量始终处于可控状态。质量管理提升需要从全员参与的角度出发，强调全员质量意识。所有员工都应该意识到自己的工作与产品质量直接相关，要时刻关注质量问题，严格按照操作规程和标准操作，确保每一道工序都符合质量要求。

质量管理提升需要借助先进的质量管理工具和技术。现代化的质量管理系统可以实现对生产过程的实时监控和数据分析，及时发现质量问题并采取相应措施。同时，还可以借助质量管理工具对生产过程进行全面的质量分析，找出质量问题的根源，并制订改进措施。

质量管理提升还需要加强与供应商和客户的沟通与合作。与供应商的合作关系密切，可以确保原材料和零部件的质量符合要求，避免质量问题的发生。与客户沟通，及时了解客户需求和反馈，及时调整产品设计方案和生产工艺，提高产品质量和客户满意度。质量管理提升需要不断进行质量管理体系的改进和完善。班组管理人员应该定期对质量管理体系进行评估和审查，发现问题并及时改进。通过持续改进，不断提高质量管理水平，确保产品质量持续稳定与达标，为企业的可持续发展奠定坚实的基础。

第二章 大数据在汽车制造班组生产计划中的应用

第一节 智能化生产计划与排程

一、数据驱动的生产规划

（一）历史数据分析

历史数据分析是企业决策制定过程中的重要环节。通过对过去的生产数据和市场需求信息进行深度分析，企业可以更好地理解市场的变化趋势和客户的需求特点，为未来的生产规划和决策提供参考依据。在历史数据分析过程中，企业可以通过分析历史销售数据、生产成本数据、市场调研数据等多方面的信息，全面了解市场的发展趋势和竞争态势，及时发现市场机遇和挑战，为未来的发展做好准备。

历史数据分析可以帮助企业发现潜在的问题和改进空间。通过对历史数据的深入挖掘和分析，企业可以发现生产过程中存在的问题和瓶颈，识别出影响生产效率和产品质量的关键因素，为生产流程的优化和改进提供依据。同时，历史数据分析还可以帮助企业发现过去的成功经验和失败教训，总结经验教训，提炼出成功的经营模式和管理方法，为未来的发展提供借鉴和启示。历史数据分析还可以帮助企业预测未来的发展趋势和市场需求。通过对历史数据的趋势分析和预测模型的建立，企业可以较为准确地预测未来市场的发展趋势和客户需求的变化，为未来生产规划和产品设计提供参考依据。在市场竞争激烈的环境下，准确的市场预测可以帮助企业抢占先机，及时调整生产计划和产品结构，提高市场竞争力。

（二）需求预测模型

需求预测模型的建立是提高生产管理效率和决策水平的关键。随着市场竞争的日益激烈和消费者需求的多样化，准确预测市场需求的变化趋势对企业的发展至关重要。基于大数据建立需求预测模型，可以通过对海量的产品数据和消费者行为数据进行分析，准确预测市场需求的变化趋势，及时调整生产计划和供应链管理，以满足市场需求的变化。在建立需求预测模型时，我们可以采用多种方法和技术。例如，可以利用时间序列分析方法对历史销售数据进行分析，建立时间序列模型，预测未来市场需求的变化趋势；还可以利用机器学习算法和人工智能技术对市场数据进行分析，建立预测模型，识别出潜在的需求变化规律和趋势，为企业的生产决策提供更加准确和可靠的依据。

需求预测模型的建立还需要充分考虑市场环境的变化和不确定性因素。市场需求受到诸多因素的影响，包括经济发展水平、消费者偏好、竞争对手的行为等，因此，在建立需求预测模型时，需要考虑到这些因素的影响，综合分析市场环境的变化趋势和不确定性因素，提高预测模型的准确性和稳定性。

（三）智能化决策支持

智能化决策支持系统利用数据分析技术，对大量的历史数据进行挖掘和分析。通过对过去生产数据和市场需求信息的深度分析，系统可以识别出潜在的趋势和规律，从而制订更加有效的战略规划和生产计划。

智能化决策支持系统构建了高效的需求预测模型，利用大数据对市场需求进行精准预测。这种需求预测模型的建立可以帮助企业更好地把握市场机遇，避免发生因需求波动而造成的生产过剩或供不应求的情况。

　　智能化决策支持系统还结合了人工智能技术，实现了生产计划的智能化制订和优化。系统可以根据实时的市场需求和生产资源情况，自动生成最优的生产计划，并对生产过程进行实时监控和调整。通过智能化的决策支持，企业可以更加灵活地应对市场变化，实现生产资源的合理配置和生产效率的提升。

（四）实时数据监控

　　实时数据监控系统的建立是现代生产管理中的关键一环，它通过实时采集、分析和反馈生产过程中的关键数据，为企业提供及时的信息支持，帮助企业实现生产过程的精细化管理和持续优化。这样的系统不仅能够有效监控生产过程中的关键环节和指标，还能够及时发现问题并采取相应措施，从而保障生产的顺利进行，提高生产效率和产品质量，从而保持企业的竞争优势和持续发展。

　　建立实时数据监控系统有助于企业及时掌握生产过程中的关键指标。通过在生产线上安装传感器和监测设备，系统可以实时采集各项生产数据，包括生产速度、温度、湿度、压力等关键参数。这些数据将通过网络传输到中央数据库，并通过数据分析和处理，以图表、报表等形式展示给管理人员，使他们能够清晰地了解生产过程的实时状态和运行情况。实时数据监控系统可以帮助企业做出灵活的调整和决策。通过对实时数据的分析和比对，系统可以及时发现生产过程中的异常情况和问题，如设备故障、生产线停机、原材料短缺等，从而及时采取相应的措施进行调整和处理。管理人员可以根据系统提供的数据，做出灵活的生产调度安排，优化生产流程，提高生产效率和资源利用率。

实时数据监控系统还能够帮助企业实现生产过程的追溯和分析。通过对历史数据的积累和分析，系统可以帮助企业发现生产过程中存在的潜在问题和瓶颈，并提出改进建议和优化方案。管理人员可以根据系统提供的数据，及时调整生产计划和工艺流程，提高生产效率和产品质量，从而保持企业的竞争优势和持续发展。

二、实时产能分析

（一）设备利用率监测

设备利用率监测是现代生产管理中的重要环节，它利用大数据技术实时监测设备的利用率和运行状态，以便及时发现异常情况并进行调整。这一过程涉及设备监测、数据收集、分析和反馈等多个环节，其目的是最大程度地提高设备的利用率和生产效率，从而降低生产成本，提高企业的竞争力。

设备利用率监测通过实时监测设备的运行状态，及时发现设备的故障和异常情况。利用传感器和监测设备实时采集设备的运行数据，如运行时间、停机时间、产量等指标，然后通过数据分析，对设备的运行状态进行实时监测和分析。一旦发现设备出现故障或异常情况，系统将立即发出警报，并通知相关人员进行处理，以减少生产线的停机时间，保障生产的连续性和稳定性。

设备利用率监测可以帮助企业优化生产计划和资源配置。通过对设备利用率的监测和分析，系统可以及时了解设备的运行情况和生产状况，根据实际情况调整生产计划和资源配置，以提高生产效率和资源利用率。例如，在生产高峰期间，可以通过增加设备的运行时间或提高生产速度来满足市场需求；在生产低谷期间，可以适当减少设备的运行时间或调整生产顺序，以节约能源和降低成本。设备利用率监测还可以帮助企业进行设备维护和保养。通过对设备的运行数据进行分析，系统及时发现设备的磨损和老化情况，预测设备的故障和维护周期，通过定期的维护和保养，延长设备的使用寿命，减少设备的故障和停机时间，提高生产效率和产品质量。

（二）人力资源状况跟踪

人力资源状况跟踪在现代生产管理中扮演着至关重要的角色，通过实时跟踪和分析人力资源情况，企业能够更加灵活地调整人员配置，以应对市场需求的变化，确保生产线的稳定运行和生产计划的顺利实施。以下将从不同角度探讨人力资源状况跟踪的重要性及其作用。

人力资源状况跟踪能够帮助企业及时了解人员的在岗情况和工作状态。通过建立人力资源管理系统，企业可以实时记录员工的考勤情况、工作时间、工作内容等信息，并对这些数据进行分析和统计。这样，企业便能够清晰地了解到员工的工作情况，包括在岗率、加班情况、工作效率等，为人员配置提供了数据支持。人力资源状况跟踪有助于企业合理调配人员，保障生产线的平稳运行。在生产过程中，可能会出现一些临时的人员需求变化，如订单量增加或某个环节需求减少。通过实时跟踪人力资源情况，企业可以及时调整人员配置，以适应这些变化。例如，在订单量激增时，可以调动更多的人手投入生产，以满足客户的需求；在某个环节需求减少时，可以将多余的人员调配到其他环节，充分利用人力资源，避免资源浪费。

人力资源状况跟踪还能够帮助企业发现和解决人力资源管理中的问题。通过对人员工作情况的跟踪和分析，企业可以发现员工工作效率低下、出勤率下降等问题，并及时采取措施加以解决。例如，对于工作效率低下的员工，可以通过培训和辅导提升其工作能力；对于出勤率低下的员工，可以采取激励措施提高其工作积极性，或者对违规行为进行处罚，以规范员工的工作行为。

（三）生产效率评估

生产效率评估是现代企业管理中的重要环节之一，通过建立生产效率评估模型，企业可以全面了解生产过程中的效率状况，及时发现问题并采取相应措施进行改进。这种评估模型不仅可以帮助企业提高生产效率，还可以优化资源配置，降低生产成本，提升企业的竞争力。

建立生产效率评估模型需要考虑多个方面的因素。首先，需要确定评估的指标体系，包括生产周期、产量、成本、质量、能耗等关键指标。其次，需要建立数据收集和分析系统，对生产过程中产生的数据进行实时收集和分析，形成完整的生产数据记录和数据库。然后，根据收集到的数据，建立评估模型，并运用数据分析技术对生产效率进行定量评估和分析，发现潜在问题和改进机会。最后，根据评估结果，及时采取相应措施进行改进和优化，提高生产效率和产品质量。

（四）资源利用效率提升

资源利用效率提升是现代企业管理中的关键目标之一，通过优化生产过程和有效配置资源，企业可以实现资源的最大化利用，降低生产成本，提高生产效率和竞争力。根据实时产能分析结果，企业可以精准地了解生产过程中各项资源的利用情况，包括人力资源、物料资源、设备资源等，从而找到资源利用的瓶颈和问题所在。通过对资源利用情况进行分析和评估，企业可以制订针对性的优化方案和改进措施，提高资源利用效率。

企业可以通过优化生产工艺和流程，减少资源的浪费和损耗，提高资源利用率。例如，采用先进的生产技术和设备，降低能源消耗和减少废料产生；优化生产线布局，减少物料运输和等待时间，提高生产效率。

（五）风险预警机制

风险预警机制的建立是现代企业管理中非常重要的一环。通过对实时产能分析结果的监测和分析，企业可以及时发现生产过程中存在的潜在风险和问题，从而预警可能出现的生产事故或生产异常，及时采取措施加以避免，最大限度地减少生产损失。

建立风险预警机制需要综合考虑多种因素，包括生产过程中可能出现的各种风险因素，如设备故障、原材料供应问题、人为操作失误等，以及可能带来的影响和损失。通过对这些因素进行分析和评估，企业可以确定相应的预警指标和预警阈值，建立起一套完善的风险预警体系。企业可以通过建立实时数据监控系统，对生产过程中的关键指标进行实时监测和记录，及时掌握生产状态和运行情况。通过对监测数据的分析和比对，发现异常情况并进行预警，及时采取相应的措施进行调整和处理，以避免潜在风险的发生。企业可以结合专业的风险评估方法和工具，对可能出现的生产风险进行全面的评估和分析。通过对生产过程中可能存在的各种风险因素进行排查和评估，确定各项风险的概率和影响程度，并据此建立风险预警模型，实现对潜在风险的及时预警。

三、智能排程优化

（一）数据驱动排程

数据驱动排程是一种基于大数据算法的智能化排程方法，它利用实时生产数据和先进的算法技术，以最优化的方式安排生产任务和资源，从而提高生产效率和灵活性。

数据驱动排程的核心在于利用大数据算法对海量的生产数据进行分析和挖掘，以发现生产过程中的潜在规律和关联。通过对生产任务、设备状态、物料流动等数据进行实时监测和分析，系统可以快速识别出生产过程中的瓶颈和优化空间，为制订生产计划提供科学依据。数据驱动排程可以根据实时数据动态调整生产计划，使生产任务与资源的分配更加合理和高效。通过对生产需求、设备利用率、原材料供应情况等数据进行分析，系统可以实时调整生产计划，避免资源浪费和生产延误，提高生产效率。

数据驱动排程可以优化生产任务的安排顺序，以最大化地利用生产资源，提高生产效率和生产能力。通过对生产任务的优先级、紧急程度和资源需求进行智能化排程，系统可以在保证生产质量的前提下，实现生产过程的高效运转。数据驱动排程还可以通过实时监测和反馈机制，对生产过程进行及时调整和优化。系统可以根据实时数据监测生产过程中的异常情况，及时发出预警并采取相应措施，避免生产中断和质量问题，保障生产的连续性和稳定性。

（二）考虑资源约束

在现代生产环境中，智能排程优化已经成为提高生产效率和优化资源利用的重要手段之一。通过利用大数据算法，生产任务可以得到智能化的排程，根据实时数据动态调整生产计划，从而更好地应对生产过程中的变化和挑战。

　　智能排程优化可以有效地提高生产计划的准确性和及时性。传统的排程方法可能会受到静态数据和固定规则的限制，难以应对生产环境的复杂性和变化性。而利用大数据算法进行排程，可以实时监测生产过程中的各种数据，包括订单量、原材料库存、设备状态等，从而及时调整生产计划，确保生产任务按时完成。智能排程优化可以更好地考虑资源约束，包括设备容量、人力资源等方面的限制。在排程过程中考虑这些资源约束，可以避免资源的过度利用或闲置，提高资源利用效率，降低生产成本。例如，当发现某个设备已经达到容量上限时，系统可以自动调整生产计划，将任务分配给其他设备，以避免生产延误或资源浪费。

（三）最大化生产效率

　　最大化生产效率需要建立一个智能化的排程系统，该系统能够根据实时数据和预测分析结果，智能地调整生产计划，使得生产任务能够以最优的方式安排，以满足不断变化的需求和生产环境。通过利用大数据和人工智能技术，系统可以实时监测生产过程中的各种数据，包括订单量、原材料库存、设备状态等，从而及时调整生产计划，确保生产任务按时高效完成。

最大化生产效率需要优化生产流程和工艺。通过对生产流程和工艺进行持续的优化和改进，可以减少生产过程中的不必要环节，提高生产效率。例如，采用先进的生产技术和设备，优化工艺流程，缩短生产周期，提高生产效率。最大化生产效率还需要充分发挥人力资源的作用。建立一个高效的团队管理机制，激发员工的工作热情和创造力，提高生产效率。通过培训和技能提升，不断提高员工的技术水平和专业能力，使其能够更好地适应生产环境的变化，并发挥出更大的生产潜力。

（四）响应市场变化

响应市场变化是企业保持竞争力和灵活性的关键之一。通过实施智能排程系统，企业能够更加灵活地调整生产计划，以适应市场需求的变化。这种系统可以根据市场的实时变化，自动调整生产任务的优先级，确保生产线能够及时、准确地生产出符合市场需求的产品。例如，在市场需求激增或者下降时，智能排程系统可以自动调整生产计划，以确保及时满足市场需求，同时避免产能过剩或者供应不足的问题。

智能排程系统能够通过分析市场趋势和需求预测，提前进行生产计划的调整和优化。通过收集和分析市场数据、销售数据以及供应链数据，系统可以准确预测市场需求的变化趋势，从而及时调整生产计划，避免因市场变化而导致的生产过剩或者供应不足的情况。这种预测性的生产计划调整可以帮助企业更好地把握市场机遇，提高生产效率，降低生产成本。智能排程系统还可以通过实时监控生产过程和供应链环节，快速响应市场变化。系统可以实时监测生产线的运行状态、原材料库存情况、供应商的交货状态等信息，及时发现生产过程中的异常情况和供应链中的问题，从而及时采取相应的措施，保障生产计划的顺利执行。

（五）持续改进优化

持续改进优化是企业实现生产效率最大化的关键。为了不断提高智能排程系统的准确性和实时性，企业需要进行持续的研发和优化工作。通过不断改进排程算法，优化算法逻辑和参数设置，提高算法的准确性和稳定性。同时，利用先进的技术手段，如机器深度学习等，不断提升智能排程系统的预测能力和决策水平，使其能够更准确地预测生产需求和变化，并及时做出调整。持续改进优化需要结合实际生产情况，根据生产环境的变化和需求的不断变化，灵活调整排程策略和优化方案。通过建立反馈机制，收集实时生产数据和用户反馈信息，对智能排程系统进行持续监控和评估,及时发现问题并进行改进。同时,利用数据分析技术,对生产过程进行深入分析,发现潜在问题和瓶颈,针对性地优化排程方案,提高生产效率。

持续改进优化需要加强团队合作和知识共享。建立跨部门的合作机制,充分利用企业内部的资源和专业知识,共同推动智能排程系统的不断改进和优化。通过开展培训和技术交流活动,提高员工的技术水平和创新意识,激发团队的创造力和合作精神,为智能排程系统的持续改进提供坚实的人才支持。

四、弹性生产计划

(一) 快速响应能力

建立快速响应能力对于企业来说至关重要。首先,企业需要对市场的动态变化进行持续监测和分析,包括对竞争对手的行动、客户需求的变化、供应链的波动等方面的敏感感知。通过对这些信息的及时收集和分析,企业能够更准确地了解市场的需求趋势和变化,为制订相应的生产计划提供数据支持。

建立弹性生产计划体系是提高快速响应能力的关键。传统的生产计划往往较为固定,一旦市场发生变化,就难以灵活调整。因此,企业需要建立灵活性强、适应性好的生产计划体系，能够根据市场需求的变化及时做出调整。这种弹性生产计划体系可以基于多种因素，如市场需求、生产能力、原材料供应等，以确保企业在市场变化时能够迅速做出反应。快速响应能力还需要依托高效的沟通与协作机制。各部门之间需要建立畅通的沟通渠道，及时共享信息、协调行动，以便在市场需求变化时能够迅速协调各方资源，调整生产计划。此外，企业还应加强内外部合作关系，与供应商、合作伙伴建立紧密的合作关系，以便在市场需求发生变化时能够及时调整供应链和生产资源，实现快速响应。

（二）实时调整机制

建立实时调整机制对于企业来说至关重要，它能够帮助企业更好地应对市场变化和生产状况的波动，确保生产线的稳定运行并保持生产的高效。首先，实时调整机制需要建立在强大的数据支持之上。企业可以通过采集和分析大量的实时数据，包括市场需求、生产进度、库存情况等，来及时了解当前的生产状况和市场变化情况。

建立灵活的决策机制至关重要。企业应该建立起一套灵活的决策机制，使得在面临市场需求或生产状况变化时，能够快速做出决策并调整生产计划。这需要企业内部各个部门之间的紧密合作和高效沟通，以便迅速协调资源、调整生产流程，确保生产线的平稳运行。

技术支持是实现实时调整机制的重要保障。企业可以借助先进的信息技术和生产管理系统，建立实时监控和调整机制。通过智能化的生产管理系统，可以实现对生产线的实时监控和数据分析，及时发现问题并进行调整。同时，还可以利用先进的数据分析和预测技术，预测市场需求的变化趋势，为生产计划的调整提供科学依据。

（三）应急预案制订

制订完善的应急预案是企业管理中的一项重要工作，它对于确保生产线的稳定运行和最大程度地减少生产中断时间具有至关重要的作用。应急预案的制订需要建立在充分的风险评估基础之上。企业需要对可能发生的各类突发事件和生产线故障进行全面的分析和评估，了解其可能带来的影响和后果，为制订应对措施提供科学依据。

应急预案需要具有针对性和实用性。针对不同的突发事件和生产线故障，应急预案需要制订相应的应对措施和应急流程，并确保这些措施和流程能够在实际应急情况下得到有效执行。此外，应急预案还需要考虑到各种可能的情况和变化，以应对不同的应急情况，并及时做出调整和改进。应急预案的制订还需要充分考虑人力、物资、设备等资源的调配和利用。在突发事件或生产线故障发生时，企业需要及时调动相关资源，采取有效措施，尽快恢复生产，减少生产中断时间。因此，应急预案需要明确各个部门的职责和任务分工，确保资源的有效调配和利用。

应急预案的制订还需要不断的演练和评估。企业可以定期组织应急演练，模拟各种突发事件和生产线故障情况，检验应急预案的可行性和有效性，并根据演练结果进行及时调整和改进，以确保应急预案的时效性和有效性。

（四）多方案备选

制订多方案备选是确保企业在面临各种生产挑战时能够做出明智决策的重要手段。这种做法有助于应对多变状况，并最大程度地保障生产进度和质量。多方案备选需要基于充分的信息收集和分析。企业应该及时收集并分析与生产相关的各种数据，包括市场需求、供应链状况、生产能力等，以便全面了解当前的生产环境和面临的挑战。制订备选方案需要充分考虑各种可能的情况和因素。企业应该针对不同的生产挑战制订多个备选方案，包括人力资源调配、设备维护、生产流程调整等方面的措施。这些备选方案应该在确保生产进度和质量的前提下，尽可能考虑到成本、资源利用效率等方面的因素，以便选择最优方案。

（五）数据驱动优化

数据驱动优化的核心在于数据的收集和分析。企业需要建立完善的数据采集系统，从生产过程中收集各种关键数据，包括生产速度、设备利用率、产品质量指标、人员绩效等。同时，利用先进的数据分析技术，对这些数据进行深入分析，发现潜在的问题和改进空间，为优化提供数据支撑和依据。

数据驱动优化需要建立适应性强的优化模型。企业可以基于历史数据和市场需求信息构建模型，用于预测生产过程中可能出现的问题和变化趋势，从而提前制订相应的优化策略和应对措施。这些模型可以包括供应链模型、生产排程模型、需求预测模型等，通过不断优化和调整，提高模型的准确性和实用性。数据驱动优化需要建立闭环反馈机制。企业应该将数据分析结果和优化策略与实际生产过程相结合，及时跟踪和监控优化效果，并根据实际情况调整优化策略。通过不断循环迭代，优化生产流程和决策，实现生产效率的持续提升和改进。

数据驱动优化需要建立文化和组织支持。企业应该树立数据驱动的理念，推动组织成员充分认识到数据的重要价值，促使他们习惯于根据数据做出决策和行动。同时，企业需要建立专门的数据团队或部门，负责数据的收集、分析和应用，确保数据驱动优化能够得到有效的实施和落实。

第二节　数据驱动的生产任务分配

一、基于实时数据的任务分配

基于实时数据的任务分配是现代生产管理中的关键环节之一，它利用实时收集的生产数据来优化任务分配和生产调度，从而提高生产效率和资源利用率。以下是关于基于实时数据的任务分配的丰富内容：

第一，实时生产数据监控是任务分配的基础。通过建立实时数据监控系统，可以对生产线各个环节的实时数据进行监测和收集。这些数据包括设备的运行状态、产量、工艺参数等信息，通过实时监控，可以及时发现生产过程中的异常情况，并进行相应的调整和处理，确保生产线的稳定运行。

第二，数据分析与预测是任务分配的关键步骤。利用大数据分析技术对实时生产数据进行分析和挖掘，可以发现生产中存在的瓶颈和优化空间。通过对数据进行预测，可以提前预判生产过程中可能出现的问题和变化，为任务分配提供更准确的参考依据。

第三，智能任务调度是提高任务分配效率的关键。基于数据分析结果，采用智能算法进行任务调度，可以实现生产任务的合理安排和优化。通过智能调度，可以有效地平衡生产线上的资源利用，提高生产效率和产能利用率。

第四，动态任务优先级的调整是任务分配的灵活应对。根据实时数据的变化情况，灵活调整任务的优先级，优先安排生产关键任务，确保生产计划的顺利执行。这样可以最大程度地满足市场需求和客户订单的要求，提高生产的灵活性和响应能力。

第五，实时反馈与调整是任务分配的持续优化环节。对任务分配效果进行实时监测和反馈，及时调整任务分配策略，可以有效地优化生产进程，提高生产效率和产品质量。通过持续的实时反馈和调整，不断改进任务分配模式，实现生产过程的持续优化和提升。

二、员工技能匹配

（一）人才技能库建设

建立员工技能数据库是人才技能库建设的首要任务。通过建立系统化的员工技能数据库，记录并管理员工的技能、经验、教育背景、培训情况等相关信息。这包括员工的专业技能、工作经历、所掌握的工具和软件、语言能力等，旨在为企业更好地了解员工的能力和特长提供便利。

技能评估和分类是人才技能库建设的重要环节。对员工的技能进行评估和分类，确定其在不同领域的专业水平和技能等级。通过对员工技能的科学评估和分类，可以更准确地了解员工的实际能力和潜力，为企业的人才管理和培养提供依据。建立技能匹配和对接机制是人才技能库建设的关键步骤。通过技能数据库，实现员工技能的快速匹配和对接，根据工作需要和项目要求，及时找到具备相关技能和经验的员工。这有助于提高员工的工作效率和工作满意度，同时也能够更好地利用企业内部的人才资源。

（二）技能匹配算法

建立员工技能数据库是人才技能库建设的基础。通过收集、整理和存储员工的技能、经验和特长等信息，可以建立起一张全面的员工技能清单，包括技术技能、专业知识、工作经验、语言能力、领导能力等方面的信息。这样的数据库可以为企业提供全面的人才资源情况概览，有助于更好地利用员工的技能和挖掘员工的潜力。技能匹配算法是人才技能库建设的关键环节之一。利用大数据技术和人工智能技术，开发技能匹配算法，可以根据任务需求和员工技能库的信息，快速、精准地匹配最适合的员工。这些算法可以基于员工的技能矩阵、项目经验、培训记录等多维度数据进行匹配，从而确保任务分配的准确性和高效性。这样的算法可以帮助企业更好地利用人才资源，提高工作效率和质量。

建立技能评估体系是人才技能库建设的重要补充。通过定期的技能评估和考核，可以及时了解员工的技能水平和发展需求，为员工提供个性化的职业发展规划和培训计划。这样可以激励员工持续学习和提升技能，增强员工的工作积极性和忠诚度，提高企业的人才储备和整体竞争力。

（三）个性化任务安排

在现代企业管理中，人才的发掘、培养和合理利用是至关重要的一环。建立一个完善的人才技能库是管理人员必不可少的工作之一。首先，这个库能够全面地记录员工的技能、经验和特长等信息，从而为企业提供可靠的人才资源信息库。其次，通过对员工技能的系统化管理，企业可以更好地了解员工的擅长领域和发展潜力，有针对性地为员工提供培训和成长机会，从而实现人才的内部培养和优化资源配置。

随着大数据技术的不断发展，技能匹配算法的应用成为了人力资源管理的新趋势。这种算法可以通过分析员工的技能和任务的要求，快速高效地为任务匹配最合适的员工。这不仅可以提高生产效率，还可以更好地发挥员工的专长，增强团队的凝聚力和合作性。这种个性化的匹配方式不仅使员工感受到自身价值得到认可，也为企业的发展提供了更大的动力。除了技能匹配，个性化任务安排也是一项重要的管理策略。通过充分了解员工的技能水平、个人偏好和工作习惯，管理者可以更灵活地安排任务，使员工在自己擅长的领域得到充分发挥，提高工作积极性和生产效率。这种个性化的任务安排不仅可以激发员工的工作热情，还可以提升员工的工作满意度和忠诚度，进而促进企业的稳定发展。

（四）岗位培训与晋升

岗位培训与晋升在现代企业中扮演着至关重要的角色，它不仅是对员工个人发展的关注和支持，也是企业发展战略的重要组成部分。首先，建立岗位培训计划可以帮助员工不断提升专业技能和业务水平，适应市场竞争的不断变化。这种持续的培训机制不仅可以提高员工的综合素质，还可以提高企业的核心竞争力。其次，制订晋升路径可以为员工提供明确的职业发展方向和目标，激励员工不断努力学习和提升自身能力。这种晋升制度的建立不仅可以增强员工的归属感和责任感，还可以促进企业内部的人才流动和管理的公平性。岗位培训和晋升路径的制订需要充分考虑员工的个人发展需求和企业的战略目标。首先，应该根据员工的职业规划和岗位需求，量身定制相应的培训计划，包括技能培训、岗位学习和实践经验的积累等方面。其次，晋升路径应该清晰明确，包括各级职位的职责描述、晋升条件和评定标准等内容，以便员工能够清晰地了解自己未来的职业发展方向和晋升标准。

三、资源调配优化

在现代企业管理中，资源调配优化是确保生产运营高效、成本低廉的重要环节。通过采用一系列策略和技术手段，企业可以更好地利用现有资源，提高生产效率，降低成本，从而保持竞争力和可持续发展。设备状态监测是资源调配优化的关键环节之一。通过实时监测设备的状态和运行情况，企业可以及时发现设备可能存在的故障和异常情况，采取预防性维护措施，减少生产线的停机时间，提高生产效率和设备利用率。利用大数据技术进行资源利用率分析是资源调配优化的重要手段之一。通过对生产过程中各种资源的利用情况进行深入分析，发现低效率的环节和潜在的优化空间，进而采取相应措施，优化资源配置，提高资源利用率，降低生产成本。建立跨部门资源共享机制也是实现资源调配优化的有效途径之一。通过不同部门之间资源的共享和协作，企业可以最大化地利用各类资源，避免资源闲置和浪费，进而降低生产成本，提高生产效率。

实时调配策略也是资源调配优化的重要手段之一。根据实时的生产需求和资源状态，灵活调配生产资源，可以更好地应对市场需求的变化，提高生产线的灵活性和适应性，保持生产运营的高效性和稳定性。

对资源调配方案进行成本效益分析是确保资源调配优化实施的关键环节。通过对不同调配方案的成本和效益进行评估和比较，选择最经济合理的调配方案，可以最大程度地降低生产成本，提高企业的利润水平，实现资源调配优化的最终目标。资源调配优化是企业管理中不可或缺的重要环节，通过采取有效的措施和技术手段，可以提高生产运营的效率、降低成本，进而提升利润，为企业的可持续发展提供有力支撑。

第三节　实时生产进度监控

一、生产数据实时监控

（一）数据收集与处理

数据收集与处理在现代企业管理中扮演着至关重要的角色。建立实时数据采集系统是确保企业能够及时获得生产线上各项数据的关键步骤。通过这样的系统，企业可以收集到生产过程中涉及的各类数据，包括但不限于生产设备运行状态、生产产量、原材料消耗情况、人力资源利用率等信息。这些数据的全面采集为后续的数据处理和分析提供了充足的基础。

大数据技术在数据处理和分析中发挥着不可或缺的作用。随着信息化技术的不断发展，企业面临的数据量呈指数级增长，传统的数据处理方法已经无法满足对数据的高效处理和分析需求。而大数据技术的应用，则为企业提供了一种更为高效、准确的数据处理解决方案。通过大数据技术，企业可以实现对海量数据的快速处理和分析，发现数据中蕴含的规律性和价值信息，为企业的决策提供更加可靠的支持。在实时数据处理和分析的过程中，企业需要不断优化和完善自身的数据处理流程和算法模型。通过不断的技术创新和方法改进，提高数据处理和分析的效率和准确性，使企业能够更加及时地获取到关键信息，做出更为明智的决策。同时，企业还需要不断优化数据可视化技术，将数据处理和分析结果以直观、易懂的图表和报表形式展现出来，便于管理人员快速掌握数据情况，做出正确的决策。

（二）关键指标监控

关键指标监控是企业实现高效生产和管理的重要手段之一。通过实时监控关键生产指标，企业能够迅速获取生产过程的重要信息，如产量、设备运行状态、质量数据等。这些指标直接反映了生产线的运行情况和生产效率，对于企业及时发现问题、调整生产计划具有至关重要的作用。因此，建立一套全面、准确的关键指标监控系统是企业管理的基础。

关键指标的实时监控能够帮助企业及时发现生产过程中的异常情况。异常情况可能包括设备故障、生产线停机、生产质量下降等，这些异常情况都会对企业的生产进程和产品质量产生不利影响。通过实时监控关键指标，企业可以及时发现这些异常情况，并采取相应措施进行处理，从而最大程度地减少生产中断和质量问题带来的损失。在建立关键指标监控系统时，企业需要确保系统的全面性和准确性。这意味着监控系统应覆盖生产过程中的所有关键环节，并能够准确地反映实际生产情况。此外，监控系统还应具有实时性和灵活性，能够及时更新数据并对数据进行分析，为企业管理者提供及时、准确的决策支持。

（三）异常预警机制

异常预警机制是现代企业管理中的重要组成部分之一。随着生产过程的复杂性和增加规模的扩大，企业面临着越来越多的挑战，包括设备故障、供应链中断、市场需求波动等。为了应对这些挑战，建立一个有效的异常预警机制至关重要。该机制通过监控关键指标并设置预警阈值，能够在异常情况发生时及时发出警报，并采取相应的措施进行处理，使损失最小化并保障生产顺利进行。

异常预警系统的建立需要综合考虑多方面的因素。首先是选择合适的监控指标和设置预警阈值。这些指标应该能够准确地反映生产过程的健康状态，包括设备运行状态、生产质量、生产效率等方面。其次是确保系统的灵敏性和准确性。异常预警系统应该能够及时发现异常情况，并尽可能地减少误报率，以避免对正常生产造成不必要的干扰。此外，系统还应该具备自动化的报警和反馈机制，能够在异常发生时自动发送通知给相关人员，并提供详细的异常信息和建议处理措施。在异常预警系统的运行过程中，及时的响应和处理是至关重要的。一旦收到异常警报，相关人员应该立即采取行动，查找发生异常的原因，并尽快采取措施加以处理。这可能涉及设备维护、生产计划调整、供应链协调等方面的工作。因此，建立一个高效的异常预警响应机制是非常必要的，需要明确各个部门的责任和协作流程，确保问题能够及时得到解决。

（四）实时数据展示

实时数据展示是现代生产管理中的关键环节之一。随着信息技术的不断发展和普及，实时数据展示成为企业管理的重要手段之一，通过直观、图形化的方式展示生产过程中的各项数据，有助于管理人员及时了解生产状态、发现问题，并采取相应的措施进行调整和优化。实时数据展示可以提供各种图表、仪表盘等形式的数据可视化方案，使管理人员能够通过简单直观的方式了解生产状况，从而更好地进行决策和管理。实时数据展示的核心目标是提供准确、及时、全面的生产信息。通过实时监控生产线上的关键指标，如设备运行状态、产量、质量数据等，可以及时发现异常情况和瓶颈，帮助管理人员及时调整生产计划，确保生产的顺利进行。同时，实时数据展示还可以提供历史数据和趋势分析，帮助管理人员了解生产过程中的变化趋势，为未来的生产规划提供参考依据。在实时数据展示的过程中，数据的可靠性和准确性是至关重要的。管理人员需要确保所展示的数据是准确的、真实的，能够反映生产过程的实际情况。因此，在建立实时数据展示系统时，需要采用可靠的数据采集和处理技术，确保数据的及时性和准确性。同时，还需要制订严格的数据管理和安全措施，保护数据的机密性和完整性，防止数据被篡改或泄露。

二、进度预测与分析

历史数据分析是进度预测与分析的重要步骤之一。通过对过去生产数据的分析，可以了解生产过程中存在的规律和推演未来的发展趋势。这些历史数据包括生产量、生产周期、设备利用率等信息。通过分析这些数据，可以发现生产中的优势和劣势，为未来的进度预测提供重要依据。

实时数据建模是实现准确进度预测的关键。利用大数据技术和机器学习算法，可以基于实时生产数据建立预测模型，从而实现对生产进度的实时预测。这种模型能够及时发现生产中的变化和预测未来趋势，帮助企业管理者做出及时的调整和决策。在风险识别与应对方面，数据分析起到了关键作用。通过对生产数据的分析，可以识别潜在的生产风险因素，如设备故障、原材料供应不足、人力资源短缺等。针对这些风险，企业可以制定相应的风险应对策略，以减轻风险对生产进度的影响，并保障生产正常进行。

通过生产优化建议，企业可以进一步提高生产效率和质量水平。基于数据分析结果，管理者可以提出针对性的生产优化建议，包括优化生产流程、调整生产计划、提升设备利用率等方面的建议，以实现生产过程的持续优化和改进。实时监督与指导是确保生产进度顺利进行的重要手段。通过建立实时监督制度，管理者可以对生产进度进行持续监督，及时发现问题并采取措施加以解决。同时，根据数据分析结果，管理者还可以对生产工作进行指导，帮助员工克服困难，保障生产任务顺利完成。进度预测与分析需要借助历史数据分析、实时数据建模、风险识别与应对、生产优化建议以及实时监督与指导等手段，通过数据驱动的方法实现生产进度的准确预测和有效管理，以确保生产计划的顺利执行和企业的持续发展。

三、可视化生产监控

（一）仪表盘展示

仪表盘作为生产管理中的重要工具，具有直观、清晰的特点，可以帮助管理人员快速了解生产状况，从而及时做出决策。设计可视化仪表盘时，首先需要明确需要展示的重要生产指标，如产量、质量指标、设备利用率等。这些指标直接反映了生产线的运行情况和效率水平，是管理人员评估生产状况的关键依据。

仪表盘的设计应该注重直观性和易读性。通过选择合适的图表类型和配色方案，使得仪表盘简洁明了、易于理解。例如，利用柱状图展示产量变化趋势，使用饼图显示各项生产成本占比，采用折线图展示设备运行状态变化等。此外，仪表盘的布局也需要考虑将不同指标以逻辑顺序排列，使得管理人员能够有序地浏览和分析数据。在设计仪表盘时，还应考虑到不同管理层次的需求。对于高级管理人员，可能更关注战略性指标和整体生产趋势，因此需要在仪表盘中突出显示这些指标。而对生产现场主管和操作人员，则更关注生产线的实时运行情况和异常情况，因此需要设计相应的实时监控界面，及时反映生产现场的状况。

（二）实时报表生成

实时报表生成在现代生产管理中扮演着至关重要的角色。随着企业生产环境的复杂化和竞争的加剧，管理人员需要及时了解生产状况以做出准确的决策。通过实时生成生产报表，管理人员可以快速获取关键生产指标的数据，包括生产进度、质量情况、设备利用率等，为决策提供可靠的依据。实时报表的生成需要建立高效的数据收集和处理系统。企业可以利用自动化数据采集技术和大数据处理平台，实时收集并处理生产数据。这些数据可以来自各个生产环节，包括设备监控系统、质量检测设备、生产线上的传感器等。通过数据处理和分析，可以生成准确、及时的生产报表。

在实时报表的设计过程中，需要考虑到不同管理层级的需求。对于高级管理人员，他们可能更关注总体生产情况，因此报表应该包含生产总量、生产效率、生产成本等关键指标。而对于生产现场主管或操作人员，他们可能更关心生产线的具体情况，比如设备运行状态、产量达成率等。因此，报表设计应该根据不同用户的需求，提供个性化的信息展示。实时报表的生成还应考虑到报表的可视化和直观性。采用图表、图形等形式展示数据，能够让管理人员一目了然地了解生产情况，快速识别问题和趋势。同时，报表的布局和格式也需要简洁明了，避免信息过载，提高管理人员的工作效率。

（三）生产热力图

生产热力图是一种直观展示生产情况的图形，通过色彩深浅来反映生产活动的密集程度和效率。这种图表能够帮助管理人员快速了解不同时间段和区域的生产状况，发现潜在的生产瓶颈，并及时采取相应的调整措施。

制作生产热力图需要充分利用实时生产数据和大数据分析技术。通过收集生产过程中的各项数据，如设备运行状态、产量、质量等信息，并结合时间和空间的维度进行分析，可以绘制出生产热力图。这些数据可以来自于生产监控系统、传感器、生产执行系统等，通过实时收集和处理，能够生成准确、及时的生产热力图。在设计生产热力图时，需要考虑到不同时间段和区域的生产特点和需求。比如，对于不同的生产线或工段，可能存在着不同的生产节奏和工艺流程，因此生产热力图应该根据实际情况进行细分和区分。同时，图表的颜色和色彩渐变应该设计得具有较好的区分度和可读性，以便管理人员能够直观地识别出生产活动的强度和效率。生产热力图不仅能够反映当前的生产状况，还可以用于趋势分析和预测。通过对历史数据的分析，可以发现生产活动的规律和趋势，从而为未来生产计划和调整提供参考依据。管理人员可以根据生产热力图的变化趋势，及时调整生产资源和工艺流程，优化生产效率和质量水平。

（四）设备运行轨迹

设备运行轨迹的可视化能够帮助管理人员深入了解设备的运行情况，发现潜在的问题并进行优化调整。通过可视化工具展示设备的运行轨迹，管理人员可以直观地了解设备在生产过程中的运行路径、停留时间以及可能存在的运行异常情况。这种直观的展示方式有助于管理人员迅速识别设备的运行状况，及时采取相应的措施进行调整和改进。

设备运行轨迹的可视化分析可以帮助企业评估设备的利用率。通过分析设备的运行轨迹，可以了解设备的运行情况是否符合预期，以及是否存在运行效率低下或资源浪费的问题。通过可视化工具展示设备的运行状况，管理人员可以更加直观地评估设备的利用率，发现存在的问题并采取相应的措施进行优化。设备运行轨迹的可视化分析还可以帮助企业进行设备维护和管理。通过分析设备的运行轨迹，可以及时发现设备可能存在的故障或异常情况，有针对性地进行设备维护和保养，减少设备停机时间，提高生产效率和设备的使用寿命。

第四节 异常预警与调整

一、实时异常检测

（一）异常模式识别

异常模式识别在现代工业生产中具有重要的作用，它利用大数据分析技术，能够从海量的实时生产数据中提取关键信息，识别正常生产状态和异常情况的特征，为生产管理和运营决策提供重要参考。这项技术的应用，不仅可以帮助企业及时发现生产过程中的异常情况，还能够预测潜在的问题，从而采取相应的措施，保障生产的稳定进行。

异常模式识别是利用大数据分析技术，对实时生产数据进行深入挖掘和分析。通过收集生产线上各项数据，如设备运行状态、生产质量、环境参数等，建立全面的数据采集系统，并利用先进的数据处理算法，对这些数据进行实时监测和分析，以识别出生产过程中的各种异常情况。异常模式识别通过对数据进行模式识别，确定正常生产状态和异常情况的特征。通过分析历史数据和实时数据，建立起正常生产模式的基准，识别出生产过程中的异常模式，如设备故障、生产质量异常等，从而及时发现潜在问题并加以解决。在识别异常模式的基础上，异常模式识别技术能够实现智能化的预警和告警。一旦系统检测到异常模式，会及时发出预警信号，通知相关人员进行处理，以防止异常情况扩大，保障生产的正常进行。这种实时的预警机制有助于企业在生产过程中快速响应，及时调整生产策略，保障生产线的稳定运行。

（二）预警机制设置

预警机制的设置在现代工业生产中是至关重要的，它能够帮助企业及时发现生产过程中的异常情况，从而采取及时有效的措施，避免或减少生产中断、损失以及安全事故的发生。在工业生产中，由于生产过程复杂，涉及多个环节和因素，异常情况可能随时发生，因此建立健全的预警机制对于保障生产线的稳定运行至关重要。

预警机制的设置需要基于大数据分析技术。通过收集并实时监测生产过程中的各项数据，如设备运行状态、生产质量、环境参数等，建立起全面的数据采集系统。利用先进的数据处理算法和模式识别技术，对这些数据进行分析，识别出与正常模式不符的异常情况。预警机制的设置需要设定合理的预警条件和触发规则。根据生产过程中的实际情况，确定异常情况的阈值和触发条件。当监测到与正常模式不符的数据模式时，立即触发预警，并按照预设的规则进行相应的处理和通知。在设置预警机制时，需要充分考虑生产过程中的不同情况和可能出现的异常类型。可以针对不同的异常情况设置不同的预警级别和应对措施。对于较为严重的异常情况，可以设置自动报警并触发应急预案，通知相关人员立即进行处理；对于一般性的异常情况，可以通过短信、邮件等方式通知相关责任人，及时调整生产计划和采取应对措施。

（三）实时报警与处理

建立完善的实时监测系统。这一步骤包括收集和监测与生产过程相关的数据，例如设备运行状态、环境参数、生产质量等。通过传感器、监控设备等实时获取数据，并将其传输至中央控制系统进行处理和分析。

确定异常情况的触发条件和预警规则。根据实际生产情况和生产目标，设定合适的预警条件和触发规则。这些规则可以基于阈值设定，当监测到某一指标超出设定的阈值时触发报警；也可以基于模式识别算法，识别出异常模式并进行报警。接下来，建立实时报警系统。一旦监测到异常情况，系统应能够立即向相关操作人员通过声音、视觉或电子邮件等方式发送报警信息。同时，报警信息应包含足够的详细信息，以帮助操作人员快速了解异常情况的性质和紧急程度。

在实施实时报警系统的同时，必须配备应急处理方案。这包括事先确定的应对措施和紧急处理流程。操作人员应该接受相关培训，了解如何应对各种类型的异常情况，并迅速采取适当的措施以防止生产中断和减少损失。

定期评估和优化实时报警系统。随着生产环境和需求的变化，实时报警系统也需要不断优化和调整。定期进行系统性能评估，识别可能存在的问题并进行改进，以确保系统始终高效可靠。

二、智能异常预警

智能异常预警系统是工业生产中的关键组成部分，它利用大数据技术和智能算法来实时监测设备状态，预测潜在的故障情况，并采取预防性措施以确保生产线的稳定运行和设备的长期健康。

为此，我们需要建立设备健康监测系统。这包括安装传感器和监测设备，以实时监测设备的运行状态、工作参数和健康指标。通过数据采集和传输，将实时数据传输到中央数据处理系统进行分析和处理。我们还需进行故障模式识别。借助大数据分析技术，建立设备故障模式库，识别设备故障的典型模式和特征。通过分析历史数据和故障案例，训练模型识别潜在的故障模式，并及时发出警报。接下来，我们根据设备健康监测和故障模式识别结果，制订预防性维护计划，提前对设备进行维护和保养。这包括定期检查、更换易损件、润滑和清洁等操作，以防止潜在故障的发生。

在制订预防性维护计划的同时，进行故障风险评估。利用大数据分析技术对设备故障风险进行评估，识别出高风险的故障模式和关键设备，制订相应的应对策略，降低生产风险。数据驱动优化是智能异常预警系统的持续改进和优化的关键。根据故障数据分析结果，不断优化预测模型和算法，调整设备运行参数和维护策略，以提高设备的可靠性、稳定性和寿命。

建立智能异常预警系统是提高工业生产效率和设备可靠性的关键措施。通过实时监测、故障预测和预防性维护，可以最大程度地减少设备故障和生产中断，保障生产线的稳定运行和生产质量的提升。

第三章 大数据在汽车制造班组质量管理中的应用

第一节 缺陷分析与根因识别

一、缺陷数据收集

（一）客户投诉汇总

客户投诉汇总是企业管理中至关重要的一环，它直接关系到产品质量、服务水平以及客户满意度的提升。通过收集客户投诉信息，企业能够及时了解客户的需求和不满意之处，从而及时采取改进措施，提升产品和服务质量，保持良好的客户关系，增强企业的市场竞争力。

客户投诉汇总是收集客户反馈的主要渠道之一。客户投诉的内容涵盖了产品质量问题、服务满意度等各个方面，这些反馈是客户对企业产品和服务的真实反映。通过及时收集和汇总这些投诉信息，企业可以全面了解客户的需求和诉求，及时进行分析和处理，从而提升产品和服务质量。客户投诉汇总是产品缺陷的重要来源。客户投诉往往反映了产品存在的问题和不足之处，例如设计缺陷、产品质量问题等。通过对投诉信息的汇总和分析，企业可以及时发现产品的缺陷和问题所在，从而采取有效的改进措施，以提升产品质量，降低产品缺陷率，增强产品竞争力。

客户投诉汇总也是改进服务的重要途径。客户投诉不仅仅是对产品的不满，还可能涉及服务方面的问题，如客户服务态度不好、服务流程不顺畅等。通过汇总客户投诉信息，企业可以及时发现服务方面存在的问题，并有针对性地进行改进和优化，提升客户满意度，增强客户黏性，从而确保客户的长期支持和信赖。

客户投诉汇总也是企业改进管理的重要参考。通过对客户投诉信息的汇总和分析，企业可以发现管理方面存在的问题和短板，及时进行调整和改进，以提升管理水平，进一步提升产品和服务质量，最终强化企业竞争力。

（二）质量检测结果记录

质量检测结果记录在生产和质量管理中扮演着至关重要的角色。它是确保产品质量、发现问题、改进流程的关键步骤之一。通过记录质量检测过程中发现的缺陷情况，企业能够及时了解产品质量状况，采取必要的纠正措施，从而提高产品质量，满足客户需求，增强市场竞争力。质量检测结果记录是产品质量管控的重要手段之一。在生产过程中，对产品进行全面的质量检测是确保产品质量的关键步骤。通过记录检测过程中发现的缺陷情况，可以及时了解产品质量问题的具体情况，从而针对性地制订改进措施，及时纠正问题，确保产品质量符合标准要求。质量检测结果记录有助于发现生产过程中存在的问题。通过记录每次质量检测的结果，可以发现产品质量问题的频率、类型和严重程度等信息。这有助于企业深入分析生产过程中存在的问题根源，找出导致质量问题的原因，进一步改进生产工艺和流程，提高产品质量稳定性和一致性。

质量检测结果记录是企业持续改进的重要依据。通过不断积累和分析质量检测结果记录，企业可以发现潜在的质量问题和改进空间，及时采取改进措施，持续提升产品质量水平。这种持续改进的理念有助于企业实现质量管理的全面提升，从而提高客户满意度，增强市场竞争力。

二、大数据分析

（一）数据清洗和整合

数据清洗是确保数据质量的重要环节。在数据收集阶段，由于可能存在人为录入错误、设备故障等原因，收集到的数据往往会存在噪声和异常值。因此，需要对收集到的数据进行清洗，去除重复、不一致或无效的数据，确保数据的准确性和可靠性。这样可以避免在后续分析中受到不良数据的干扰，保证分析结果的准确性和可信度。

数据整合是将来自不同来源、不同格式的数据整合到一个统一数据集的过程。在现代生产环境中，数据可能来自各种不同的系统和设备，如生产线监控系统、质量检测设备、传感器等。这些数据可能以不同的格式、不同的结构存储，因此需要进行整合，以便后续分析和挖掘。整合后，可以将各个数据源的信息进行关联和统一，形成一个全面的数据集，为后续的缺陷分析和问题解决提供更为完整和全面的数据支持。

数据清洗和整合过程中需要考虑数据安全和隐私保护。由于缺陷数据可能涉及产品质量、生产流程等敏感信息，因此在清洗和整合过程中需要采取措施保护数据的安全性，防止数据泄露和滥用。

（二）缺陷趋势分析

在现代制造业中，产品质量是企业生存和发展的关键因素之一。为了提高产品质量，企业需要不断地进行缺陷分析和改进。缺陷趋势分析是一种重要的技术手段，通过对缺陷数据进行深入分析，可以发现问题的根源、发展趋势以及改进方向，从而帮助企业制订更有效的质量改进策略。

进行数据清洗和整合是缺陷趋势分析的第一步。在生产过程中收集到的缺陷数据可能来自各个环节，可能存在重复、不完整或错误的情况。因此，需要对这些数据进行清洗和整合，确保数据的准确性和完整性。这包括去除重复数据、填补缺失数据、纠正错误数据等步骤，以保证后续分析的可靠性和有效性。利用大数据分析技术对缺陷数据进行趋势分析。通过对历史数据和最新数据的对比分析，可以发现缺陷发生的规律和趋势。例如，可以分析不同时间段内缺陷发生的频率、类型和分布情况，找出可能存在的季节性、周期性或突发性的变化。通过趋势分析，可以及时发现问题的变化趋势，为制订改进措施提供数据支持。接下来，针对发现的缺陷趋势，进行深入分析和探索。通过与生产过程、原材料、设备等相关数据的关联分析，探索缺陷发生的原因和影响因素。这种深入分析可以帮助企业更好地理解缺陷背后的根本问题，为制订精准的改进策略提供参考。

三、根因识别

（一）根本原因分析

第一，收集和整理数据。在进行根本原因分析之前，需要收集和整理与产品缺陷相关的各类数据，包括缺陷类型、发生时间、生产批次、生产设备、操作人员等信息。此外，还需要收集生产过程中的温度、湿度、压力、速度等数据，以全面了解生产环境和生产过程。

第二，确定分析方法。在进行根本原因分析时，需要选择合适的分析方法和工具。常用的分析方法包括"5W1H"法（即 What、Why、When、Where、Who、How），鱼骨图（也称为因果图或 Ishikawa 图），"5Why"分析法等。根据具体情况选择合适的分析方法，确保能够深入挖掘问题的根本原因，展开数据分析。通过对收集到的数据进行深入分析，找出与产品缺陷相关的关键因素。可以利用统计分析、趋势分析、相关性分析等方法，识别出数据之间的关联性和规律性，找出导致产品缺陷的可能原因。

第三，开展问题追溯。根据数据分析结果，对导致产品缺陷的潜在原因进行追溯。从生产设备、原材料、操作流程、人员技能等多个方面进行排查，找出可能存在的问题和潜在风险，确定问题的根本原因。

制订改进措施。根据根本原因分析的结果，制订相应的改进措施和解决方案。针对不同的问题原因，可以采取不同的改进措施，如优化生产工艺、加强员工培训、提升设备维护等。同时，建立持续改进机制，监测和评估改进效果，确保问题得到彻底解决。

（二）人机物法分析

人机物法分析是一种系统性的问题分析方法，主要从人员、机器和材料三个方面来审视问题的根源。通过这种方法，可以全面地识别和理解可能导致产品缺陷的各种因素，从而有针对性地采取改进措施。

第一，从人员方面进行分析。人是生产活动的重要参与者，其技能水平、操作方法、工作态度等都会对产品质量产生影响。因此，首先需要分析人员的技能水平和培训情况，确保其具备适当的技能和知识来完成工作任务。此外，还需要考虑人员的工作负荷、工作环境和管理制度等因素，以确保人员能够在良好的工作状态下完成工作任务。第二，从机器方面进行分析。机器是生产过程中的关键环节，其稳定性、性能和维护情况直接影响产品的质量和生产效率。因此，需要对生产设备的运行状态、维护情况和性能参数进行全面的分析和评估，发现可能存在的故障隐患和改进空间。同时，还需要考虑设备的更新换代和技术改进，以提高生产设备的稳定性和性能水平。第三，从材料方面进行分析。材料是产品的基本组成部分，其质量直接影响产品的质量和性能。因此，需要对原材料的供应情况、质量控制和储存条件等进行分析，确保原材料符合生产要求。此外，还需要考虑材料的使用方法和工艺参数，以确保材料能够被正确地使用和处理，避免因材料问题导致的产品缺陷。

（三）基于大数据模型

第一，建立合适的数据收集和存储系统。要进行基于大数据模型的缺陷分析，首先需要建立一个完善的数据收集和存储系统，确保可以有效地收集和存储与产品缺陷相关的各种数据，包括生产过程中的实时数据、质量检测数据、设备运行数据等。同时，还需要确保数据的质量和完整性，以保证后续的分析工作可以准确地进行。利用大数据技术进行数据清洗和整合。由于缺陷数据往往是从不同的渠道收集而来，可能存在数据质量不一致、格式不统一等问题，因此需要利用大数据技术对数据进行清洗和整合，确保数据的一致性和可用性。这包括对数据进行去重、降噪、填充缺失值等预处理工作，以便后续的分析能够顺利进行。建立适用的大数据模型和算法。针对缺陷数据的特点和分析需求，需要选择合适的大数据模型和算法进行分析。这可能涉及数据挖掘、机器学习、深度学习等多种技术，需要根据具体情况进行选择和应用。例如，可以利用聚类分析、关联规则挖掘等技术，发现缺陷数据中的潜在模式和关联规律，从而找出导致产品缺陷的根本原因。

第二，进行数据分析和模型建立。在选择合适的模型和算法之后，需要对缺陷数据进行深入分析，并建立相应的数据模型。这包括对数据进行特征提取、模型训练和验证等工作，以建立能够准确预测和识别缺陷的模型。同时，还需要结合业务需求和领域知识，对模型进行调优和优化，以提高模型的准确性和可靠性。

（四）交叉验证

第一，大数据模型的建立。在进行根因分析之前，需要建立适合的大数据模型。这个模型可以是基于机器学习、深度学习或其他数据挖掘技术的模型，用于分析大量的缺陷数据并发现其中的潜在规律。通过建立大数据模型，可以更好地理解缺陷数据之间的关联性和影响因素，为根因分析提供更为准确的基础数据。

第二，数据特征提取与分析。在建立大数据模型之后，需要对缺陷数据进行特征提取和分析。这包括对数据进行清洗、转换和标准化处理，以及提取与缺陷相关的特征信息。利用对数据特征的分析，可以更好地理解缺陷数据的分布情况和规律，为后续的根因分析提供重要的参考依据。根因识别与验证。利用建立的大数据模型，对缺陷数据进行根因分析和识别。这包括利用模型对缺陷数据进行分类、聚类、关联规则挖掘等分析方法，找出与缺陷发生相关的关键因素和规律。利用这些分析结果，可以识别出可能导致产品缺陷的根本原因，并进行初步的验证。接下来，进行交叉验证与模型优化。在根因识别的过程中，需要进行多方位的交叉验证，以确保发现的根因是准确和可靠的。这包括利用不同的验证方法和数据集对模型进行验证，评估模型的性能和稳定性。同时，根据交叉验证的结果，对模型进行优化和调整，进一步提高根因识别的准确性和可靠性。

根因分析结果的应用与改进。根据根因分析的结果，及时采取相应的改进措施，解决产品缺陷问题。同时，需要对根因分析过程进行总结和反思，不断优化和改进根因分析的方法和流程，提高根因分析的效率和可靠性。

四、持续改进措施

（一）缺陷防控方案

第一，建立质量管理体系。建立和完善质量管理体系是防止产品缺陷的重要举措之一，该体系可以规范生产流程和操作规程，明确质量控制的责任和义务，确保产品质量符合标准和要求。加强员工培训和技能提升。员工是产品质量的直接执行者，其素质和技能水平直接影响产品质量。因此，加强员工培训和技能提升，提高其对产品质量的认识和责任感，是防止产品缺陷的重要手段之一。

第二，优化生产工艺和流程。通过优化生产工艺和流程，可以降低生产过程中的风险和不确定性，减少产品缺陷的发生概率。可以采用先进的生产技术和设备，提高生产效率和质量水平，从而降低产品缺陷的风险。加强供应链管理。供应链是产品质量的重要组成部分，供应链中的每一个环节都可能影响产品质量。因此，加强对供应链的管理和监控，确保供应商提供的原材料和零部件符合质量标准和要求，是防止产品缺陷的重要措施之一。实施质量控制和质量检验。建立严格的质量控制和质量检验制度，对生产过程中的每一个环节和关键点进行严格监控和检查，及时发现和纠正潜在的质量问题，是确保产品质量的重要保障。

（二）工艺调整

对生产工艺进行全面审查和分析。了解当前生产工艺的每一个环节和步骤，识别潜在的工艺缺陷点和问题，包括生产设备、工艺流程、操作规程等方面。确定优化方案和改进措施。针对识别出的工艺缺陷和问题，制订相应的优化方案和改进措施。这可能涉及调整生产工艺参数、更新生产设备、改进工艺流程、加强操作规范等方面。进行试验验证和实施调整。在制订优化方案后，进行试验验证，评估其效果和可行性。一旦验证通过，即可正式实施工艺调整，确保改进措施的有效实施。加强过程监控和质量控制。在实施工艺调整后，加强对生产过程的监控和控制，确保新工艺的稳定性和可靠性。同时，加强质量控制，及时发现和纠正可能存在的质量问题。持续改进和优化。工艺调整不是一次性的工作，而是一个持续改进的过程。因此，需要建立起持续改进的机制和体系，不断优化生产工艺，提高生产效率和产品质量水平。建立反馈机制和经验总结。建立起反馈机制，及时收集和反馈生产实践中的经验和问题，加以总结和归纳，为今后的工艺调整和改进提供参考和借鉴。

（三）设备维护

第一，建立完善的设备维护制度。制订并严格执行设备维护计划，包括定期维护、预防性维护和应急维护等，确保设备处于良好的工作状态。设备维护计划应明确维护的频率、内容、责任人和执行时间，确保每一台设备都能够得到及时有效的维护和保养。

第二，加强设备故障预警和监测。建立设备故障预警系统，通过实时监测设备的运行状态和性能参数，及时发现设备潜在的故障隐患，提前采取相应的维护措施，避免故障的发生。可以利用传感器、监控设备和数据分析技术实现设备故障的实时监测和预警。加强设备日常保养。定期对设备进行清洁、润滑、检查和调整，及时发现并处理设备上的异常现象，防止小故障演变成大故障，确保设备运行的稳定性和可靠性。设备保养包括设备清洁、润滑、紧固、调整等工作，可以通过制订维护标准和流程来规范设备保养工作。

第三，加强设备故障分析和排除。建立设备故障分析和排除机制，对设备故障进行及时有效的分析和排除，找出故障的根本原因，并采取相应的纠正和改进措施，避免类似故障再次发生。可以通过建立设备故障档案和历史数据分析，总结设备故障的规律和趋势，为设备维护和改进提供参考依据。

（四）持续监控

在缺陷防控中，持续的监控是确保生产质量稳定的重要环节。通过建立持续监控机制，可以有效跟踪缺陷改进的效果，及时调整和优化改进措施，以保证生产过程的持续改进和优化。持续监控需要建立一个完善的监控系统，覆盖生产的各个环节和关键指标。这个系统应该能够实时获取生产数据，并能够对数据进行分析和解读，及时发现

异常情况和潜在的问题。监控系统应该设定合适的监控指标和阈值，

以便及时发现异常情况并进行预警。这些指标可以是关于产品质量、

生产效率、设备运行状态等方面的数据，能够全面反映生产过程的各

个方面。接下来，组建专门的监控团队或指定责任人员，负责对监控

系统的运行和数据进行实时监测和分析。他们应该具备足够的专业知

识和经验，能够快速准确地判断数据是否异常，并及时采取相应的措

施。同时，对监控系统进行定期的检查和维护，确保其运行稳定可靠。

最后，持续监控需要建立一个反馈机制，及时将监控结果和问题反馈

给相关部门，并与他们共同制订解决方案，确保问题能够得到有效解决。

这个过程应该是一个循环往复的过程，不断地优化和改进，以确保生

产过程的持续稳定和改进。

第二节　品质预测与质量改进

一、质量预测分析

（一）质量趋势预测

质量趋势预测是生产制造中的一项关键任务，它帮助企业了解产

品质量的未来发展方向，从而做出相应的决策和调整。利用建立的预

测模型，可以对未来产品质量趋势进行预测，并分析质量变化的可能趋势和规律，为企业的生产和质量管理提供重要参考。

预测模型的建立需要基于历史质量数据和生产数据。通过收集和整理大量的历史数据，包括产品质量指标、生产过程参数、环境因素等，建立合适的预测模型，可以帮助企业更好地理解质量变化的趋势和规律。针对不同的产品质量指标，可以采用不同的预测方法和模型，如时间序列分析、回归分析、机器学习算法等。根据数据的特点和预测的需求，选择合适的模型进行建模，并对模型进行评估和优化，以提高预测的准确性和稳定性。在进行质量趋势预测时，需要考虑到各种可能影响质量的因素，包括市场需求变化、原材料供应情况、生产工艺调整等因素。综合考虑这些因素，可以更准确地预测未来产品质量的趋势，并做出相应的应对措施。

（二）异常检测与预警

异常检测与预警是质量管理中非常重要的一环。基于建立的预测模型，可以实时监测生产过程中的质量数据，发现与预期不符的异常情况。一旦发现异常，及时发出预警通知相关人员，以便他们能够迅速采取措施来应对问题，防止质量问题的扩大化。异常检测与预警的过程需要依赖先进的数据分析和监控技术，确保对异常情况的及时发现和处理。在实施质量趋势预测和异常检测与预警过程中，需要建立起完善的数据采集、处理和分析系统，确保质量数据的准确性和可靠性。同时，也需要建立有效的沟通机制和应急响应机制，以便在发现异常情况时能够及时采取有效的措施，保障产品质量。通过质量趋势预测和异常检测与预警，企业可以提前预知潜在的质量问题，并及时采取措施加以应对，从而提高产品质量，增强市场竞争力。

二、持续改进策略

（一）数据驱动的改进

数据驱动的改进是基于对质量预测结果的深入分析和理解而制订的持续改进策略。这一方法旨在利用数据分析的成果，为生产流程和质量管理措施的优化提供科学依据和指导。通过深入挖掘质量预测模型的输出结果，可以识别潜在的问题和改进空间，从而实现持续的质量改进和提升。数据驱动的改进策略需要结合实际生产情况和市场需求，制订针对性的改进方案。这包括对生产过程中可能存在的问题进行深入分析，找出根本原因，并据此确定改进措施。同时，还需要考虑生产环境的动态变化和不确定性因素，灵活调整。在实施数据驱动的改进过程中，关键是建立起有效的数据监控和反馈机制。通过实时监测生产数据和质量指标，及时发现问题并采取相应措施。同时，及时收集反馈信息，对改进措施的效果进行评估和调整，确保改进工作朝着预期目标不断前进。数据驱动的改进还需要建立起跨部门和跨职能的合作机制。通过与生产、质量管理、研发等部门的紧密合作，共同制订改进策略，并共享数据和经验，实现全面优化和提升。

（二）实时反馈机制

实时反馈机制是指建立起快速有效的信息反馈系统，及时收集和反馈产品质量信息给生产人员。通过实时反馈，生产人员可以迅速了解产品质量状况，及时调整生产策略，防止质量问题扩大化。这种机制通常依赖于自动化的数据采集和处理系统，能够实现对生产过程的实时监控和反馈，提高生产响应速度和质量管理效率。

在实施数据驱动的改进和实时反馈机制时，需要建立起完善的数据管理和信息传递系统，确保数据的准确性和实时性。同时，也需要培养员工的数据分析和应对能力，使其能够根据数据结果做出及时的决策和调整。通过数据驱动的改进和实时反馈机制的应用，企业可以不断优化生产流程，提高产品质量，增强市场竞争力。

（三）持续优化流程

持续优化流程是一项重要的管理活动，旨在不断改进生产流程和产品设计，以提高产品质量和客户满意度。这种优化过程是一个循序渐进的过程，需要持续地收集、分析和应用质量数据和客户反馈，以发现潜在的改进点，并采取相应的措施进行优化。持续优化流程的关键在于对生产流程和产品设计进行全面的评估和分析。这包括对生产过程中的每个环节进行审视，识别可能存在的问题和瓶颈，并采取措施进行改进。同时，也需要对产品设计进行持续的审查和改进，以确保产品能够满足客户的需求和期望。在持续优化流程中，质量预测结果起着至关重要的作用。通过对质量预测结果的分析和应用，可以及时调整生产参数，优化生产流程，以提高产品质量和客户满意度。质量预测结果不仅可以帮助企业发现潜在的质量问题，还可以指导企业采取相应的改进措施，避免质量问题的发生。

（四）连续改进文化

建立和培养一种连续改进的文化对于企业的长期发展至关重要。这种文化注重的是不断寻求改进的机会和方法，以提高效率、降低成本、增强竞争力。在这样的文化氛围中，每个员工都被鼓励不断挑战现状，寻找改进的空间，从而推动企业持续增长和发展。连续改进文化的培养需要从领导层开始。企业的领导者应该成为改进的引领者，积极支持和推动改进活动，树立榜样，将改进文化融入企业的价值观和行为准则中。他们应该鼓励员工参与改进活动，并为他们提供足够的资源和支持，以实现他们的改进建议。

在培养连续改进文化的过程中，员工参与是至关重要的。员工应该被视为改进过程中的重要资源和推动者，他们对生产过程和工作环境的熟悉度使得他们能够提供有价值的改进建议。因此，企业应该鼓励员工积极参与改进建议的提出，并给予他们适当的奖励和认可，以激励他们的积极性和创造性。

（五）质量倡导和培训

质量倡导和培训是建立和巩固企业质量文化的重要一环。通过广泛宣传质量意识，企业可以确保每位员工都理解质量对企业长期发展的重要性。这种意识的灌输可以通过定期组织质量教育培训课程、举办质量知识竞赛、发放质量宣传资料等形式来实现。这些举措不仅可以帮助员工了解质量概念，还可以激发他们对质量改进的热情和积极性。质量倡导和培训应该与企业的核心价值观和战略目标相一致。企业领导层应该通过自身的言行和示范，向员工传递质量至上的理念，并将其融入企业的日常管理和决策中。领导者的积极参与和倡导可以帮助员工树立正确的质量观念，并将其贯彻到实际工作中。

质量培训应该是一个持续性的过程，而不是一次性的事件。企业可以定期组织质量培训课程，涵盖质量管理体系、质量工具和方法、问题解决技巧等方面的内容，以不断提升员工的质量意识和能力水平。这样的培训可以帮助员工更好地理解质量管理的核心概念和方法，提高他们的质量管理技能和专业水平。

此外，企业还可以通过制定奖励制度来激励员工积极参与质量改进活动。例如，可以设立质量先进个人奖、质量优秀团队奖等奖项，鼓励员工在质量改进方面取得突出成绩。这种奖励制度可以有效地激发员工的积极性和创造性，促进企业质量管理水平不断提升。

第三节　供应链质量管理

一、供应商数据采集

（一）数据标准化

数据标准化是现代企业数据管理的基础步骤之一。在数据标准化过程中，对采集到的各种数据进行统一的格式、单位、命名规范等处理，以确保数据的一致性和可比性。这对于企业的数据分析、决策制定以及业务流程优化都至关重要。

数据标准化可以帮助企业消除数据孤岛和信息孤岛的问题。通过统一数据的格式和结构，不同部门和系统之间的数据可以更好地进行交换和共享，避免了因数据格式不统一而导致的信息障碍和沟通壁垒。这有助于促进企业内部各项工作的协同和协作，提高工作效率和质量。数据标准化还可以提高数据的可靠性和准确性。通过对数据进行标准化处理，可以消除数据中的重复、错误和不一致性，确保数据的质量达到一定的标准。这对于企业在数据驱动的决策过程中能够更加准确地把握实际情况、降低决策风险具有重要意义。

（二）数据安全保障

数据安全保障是防止供应商数据泄露或损坏的关键措施之一。随着信息技术的不断发展，企业面临着越来越多的数据安全风险，包括数据泄露、黑客攻击、病毒感染等。为了保护供应商数据的安全，企业需要采取一系列安全措施，如加密技术、访问控制、身份认证、网络防火墙等，确保数据在传输和存储过程中得到有效的保护。此外，还需要建立完善的数据备份和恢复机制，以应对意外情况的发生，确保数据的完整性和可靠性。安全措施的实施，可以有效地保障供应商数据的安全，维护企业的声誉和利益，促进业务的持续稳定发展。

二、供应商评估与选择

（一）绩效指标制订

绩效指标的制订对于供应商评估至关重要。绩效指标是衡量供应商在特定方面表现的标准和指标，它们应该与企业的战略目标和价值观相一致。在制订绩效指标时，需要考虑到供应商的角色和责任，以及与供应商关系相关的关键因素。这些指标可以涵盖多个方面，包括交付准时率、产品质量、服务水平、成本效益、创新能力、可持续性等。

绩效指标应该具有客观性和可衡量性。这意味着绩效指标应该能够通过客观数据来度量和评估，而不应该基于主观偏见或感觉。为了确保客观性，可以使用一系列定量指标和度量标准来评估供应商的表现。这些指标可以通过企业内部系统和外部数据源来获取，例如供应商交付报告、质量检验数据、客户反馈等。通过客观数据的分析，可以更准确地评估供应商的绩效，并为供应链管理决策提供可靠的依据。绩效指标的制订需要考虑到供应链的特定需求和挑战。不同行业和不同类型的供应链可能对绩效指标有不同的要求。因此，在制订绩效指标时，需要根据供应链的特点和业务目标来选择适当的指标和标准。此外，应该考虑到供应商的差异性，对于不同类型的供应商，可能需要采取不同的绩效评估方法和标准。

（二）数据分析评估

数据分析评估是供应链管理中的关键环节之一。利用大数据技术，企业可以对供应商的质量数据进行深入分析，从而客观评价供应商的绩效水平。在这个过程中，数据分析技术可以帮助企业从海量的数据中提取有价值的信息，识别潜在的问题和机会，为决策提供科学依据。

数据分析评估可以涵盖多个方面。首先是质量数据的分析，包括产品质量指标、质量缺陷率、客户投诉率等。通过对质量数据的分析，企业可以了解供应商生产的产品质量水平，及时发现质量问题并采取相应的改进措施。其次是交付数据的分析，包括交付准时率、交付延迟情况等。及时交付是供应链管理中的关键指标之一，通过对交付数据的分析，企业可以评估供应商的交付表现，发现交付延迟的原因并采取措施加以改进。此外，还可以对供应商的服务水平、成本效益等方面的数据进行分析评估，全面了解供应商的综合绩效情况。数据分析评估需要结合企业的业务目标和需求进行。在进行数据分析评估之前，企业需要明确评估的目的和指标，确定评估的重点和范围。例如，如果企业的重点是提高产品质量，那么可以重点关注产品质量数据的分析；如果企业的重点是降低成本，那么可以重点关注成本效益方面的数据分析。通过与企业的业务目标和需求相结合，数据分析评估可以更具针对性和有效性。

（三）绩效排名与分类

绩效排名与分类是供应链管理中的重要环节之一，它可以帮助企业识别出绩效优异的供应商，以及有待改进的供应商，从而有针对性地采取相应的管理措施。在进行绩效排名与分类时，企业需要综合考虑多个方面的数据和指标，确保评估结果客观、公正、可靠。

绩效排名与分类的核心在于建立科学合理的评估体系和评价指标。企业可以根据自身的业务需求和特点，确定评估的维度和权重，包括质量绩效、交付绩效、成本绩效等方面。在确定评价指标时，需要综合考虑供应商的整体绩效表现，避免过分偏重某个方面的绩效指标而忽视其他方面。绩效排名与分类需要基于充分的数据支撑和科学的分析方法。企业可以通过大数据分析技术对供应商的相关数据进行深入挖掘和分析，发现其中的规律和趋势。通过数据分析，企业可以客观地评价供应商的绩效水平，避免主观臆断和偏见对评价结果产生影响。绩效排名与分类需要建立透明公正的评价机制和流程。评价机制应该具有公开、透明、公正的特点，确保评价过程的公正性和可信度。同时，企业应该建立供应商绩效排名和分类的沟通机制，及时向供应商传达评价结果，并与供应商共同探讨改进措施和提升绩效的途径。

（四）评估结果反馈

评估结果反馈是供应链管理中的重要环节之一，它有助于建立供应商与企业之间的良好合作关系，促进双方共同提升绩效水平。通过及时、准确地向供应商反馈评估结果，可以增强供应商对其绩效表现的认识，激励其改进和提升，同时也有助于建立开放、透明的合作氛围。

评估结果反馈需要以客观、诚实、透明的态度进行。企业应当坦诚地向供应商传达评估结果，客观公正地指出存在的问题和改进的空间，并提出建设性的改进建议。在进行评估结果反馈时，企业应注重沟通方式和语气，避免过于苛刻或过于委婉，以维系供应商的合作意愿和积极性。评估结果反馈需要重视双向沟通和协商。企业应鼓励供应商就评估结果提出自己的看法和意见，共同探讨问题的原因和改进的措施。通过双方的共同努力和合作，可以找到解决问题的最佳路径，并实现供应链的持续改进和提升。

评估结果反馈应该具有及时性和针对性。企业应当在评估结果出炉后尽快向供应商进行反馈，确保问题及时发现、及时解决。同时，评估结果的反馈应该具有针对性，针对不同的问题提出具体的改进建议和实施计划，以确保改进措施的有效性和可行性。

（五）合作关系管理

建立良好的合作关系是供应链管理中的关键一环。一个稳固的合作关系可以带来双赢的局面，不仅有助于提高产品质量，降低成本，还能促进双方的业务发展和竞争力提升。因此，企业应该注重与供应商之间的沟通和合作，建立起信任、尊重和共同发展的伙伴关系。

合作关系管理需要建立在互利共赢的基础上。企业应该理解并尊重供应商的利益诉求，与其协商达成双方都能接受的合作协议和合同条款。同时，企业也应该积极分享信息和资源，支持供应商的技术和管理提升，共同推动供应链的可持续发展。建立合作关系需要注重长期性和稳定性。企业与供应商之间的合作关系应该建立在长期稳定的基础上，避免频繁更换供应商带来的不稳定因素和风险。双方应该建立长期合作的战略伙伴关系，共同承担风险，分享成果，实现共同发展。合作关系管理需要重视沟通和协调。企业与供应商之间应该建立畅通的沟通渠道和有效的信息反馈机制，及时交流合作中的问题和需求，并共同商讨解决方案。双方应该保持开放、诚实和坦率的沟通，建立互信和共识，共同应对挑战和困难。

第四章　大数据在汽车制造班组安全与环保管理中的应用

第一节　风险预测与预防

一、数据分析与风险识别

（一）数据收集与整合

要确保数据的全面性和准确性。数据的收集和整合是整个安全管理体系的基础，因此，必须确保所收集的数据具有代表性，并且能够准确反映实际情况。这意味着需要收集多种类型的数据，包括安全事件的类型、发生时间、地点、影响范围、影响程度等信息，同时也需要涵盖生产过程中的关键数据，如生产线的运行状态、设备的运行情况、员工的操作记录等。只有在确保数据的全面性和准确性基础上，才能够建立有效的安全管理体系。

安全事件数据和生产过程数据可能涉及企业的机密信息或敏感信息，因此在数据收集、传输和存储过程中，必须采取严格的安全措施，确保数据不被泄露或篡改。这可以通过加密传输、访问权限控制、数据备份等方式来实现，保障数据的安全性和完整性。

（二）数据挖掘技术

数据挖掘技术是一种从大量数据中发现隐藏模式、关系和趋势的方法。在安全管理领域，数据挖掘技术可以应用于识别潜在的安全风险因素，帮助组织及时发现和解决安全问题。

聚类分析是一种常用的数据挖掘技术，它可以将数据集中的对象划分为不同的组或簇，使得同一组内的对象相似度较高，而不同组之间的对象差异较大。在安全管理中，可以利用聚类分析识别出具有相似特征的安全事件或行为，从而发现安全风险的模式和趋势。关联规则挖掘是一种用于发现数据中项之间关系的技术。在安全管理中，可以利用关联规则挖掘技术分析安全事件之间的关联关系，找出一起发生的安全事件或者安全事件之间的因果关系。通过这种方式，可以发现潜在的安全威胁和漏洞，并采取相应的预防措施。

数据挖掘技术还包括分类、回归、异常检测等方法。分类可以将数据分为不同的类别，用于识别潜在的安全风险类型；回归可以预测安全事件的发生概率或趋势，帮助组织及时采取预防措施；异常检测可以识别出异常或异常模式，帮助发现潜在的安全威胁或漏洞。

二、预防措施制订

第一，安全评估与排查是预防安全事故的重要步骤。通过对可能存在的安全隐患进行全面评估和排查，可以及时发现潜在的安全风险，从而采取相应的预防措施。这一过程需要涵盖全部的生产流程和作业环节，包括设备安全性、作业流程、人员行为等方面的评估。通过对潜在的风险进行排查和识别，可以为后续的安全防范工作提供重要的参考依据。

第二，制订符合安全标准和规范的生产操作流程和作业规范至关重要。建立完善的安全标准体系，明确生产操作流程和作业规范，有助于规范员工的行为举止，降低意外事件发生的概率。这些标准和规范应当充分考虑到安全性、可操作性以及实际生产情况，确保其具有可执行性和实效性。此外，与相关部门和专业机构合作，借鉴国内外相关行业的最佳实践和经验，可以为安全标准的制订提供有力支持。

第三，加强安全培训和教育是确保安全生产的重要保障。通过定期开展安全培训和教育活动，提高员工对安全生产的重视和安全意识，增强他们的安全技能和应急处理能力。培训内容应当包括安全操作规程、事故应急处理、安全防范知识等方面，针对不同岗位和职责的员工进行差异化培训，确保其具备必要的安全素养和技能。

第四，建立健全的应急预案体系是应对突发安全事件的关键。应急预案应当覆盖各类可能发生的安全事件，包括火灾、泄漏、爆炸等，明确应急处置流程、责任人和应急资源，确保在安全事件发生时能够迅速、有效地进行处置和应对。同时，定期组织应急演练和模拟演练活动，提高员工的应急处理能力和协同配合能力，确保应急预案的实用性和可行性。

第五，持续改进与监测是确保安全措施持续有效的关键。建立健全的安全监测和评估体系，定期对安全管理措施和安全生产情况进行评估和监测，及时发现和解决存在的问题和隐患。同时，注重持续改进，通过对安全管理工作的不断优化和完善，提升安全管理水平和体系的适应性和有效性，确保生产过程的安全稳定运行。

第二节　安全意识培训与管理

一、数据驱动的培训计划

（一）员工安全意识评估

员工安全意识评估是确保企业安全生产的重要环节之一。利用大数据分析工具对员工安全意识进行评估可以帮助企业全面了解员工的安全意识水平，从而有针对性地开展安全教育和培训工作。在进行评估时，需要收集和整合各种与安全相关的数据，包括员工的工作岗位、工作年限、安全培训记录、安全事故记录等。这些数据可以通过企业内部的信息系统进行收集和存储，以确保数据的准确性和完整性。利用大数据分析工具对员工安全意识水平进行评估需要建立科学的评估指标体系。评估指标应当包括员工对安全规章制度的了解程度、安全风险意识、安全行为习惯等方面。可以采用问卷调查、安全知识测试、行为观察等方式收集相关数据，并利用大数据分析技术对数据进行处理和分析，综合评估员工的安全意识水平。在建立评估指标体系时，需要充分考虑到企业实际情况和员工特点，确保评估结果的客观性和可信度。

　　利用大数据分析工具对员工安全意识水平进行评估可以帮助企业发现存在的安全隐患和问题。通过分析评估结果，可以发现安全意识较低的员工群体和重点岗位，及时采取针对性的安全教育和培训措施，提高员工的安全意识和安全行为水平。同时，可以通过对评估结果的跟踪和分析，及时发现安全意识水平的变化趋势，为企业安全管理工作的持续改进提供数据支持。

（二）培训内容优化

个性化培训计划的制订是为了更有效地提升员工的安全意识和行为水平。利用大数据分析员工安全意识评估结果，可以根据不同员工的安全意识水平和需求制订个性化的培训计划。这样的个性化计划能够更精准地满足员工的学习需求，提高培训的针对性和有效性。在制订培训计划时，需要充分考虑员工的工作岗位、工作经验、安全意识评估结果等因素，确保培训内容的针对性和实用性。

通过大数据分析历史安全事件数据，可以深入了解员工容易犯错的环节和行为，发现安全管理的薄弱环节。通过对历史安全事件数据的挖掘和分析，可以识别出员工常见的安全问题和易发生事故的环节，为安全培训的内容优化提供依据。优化培训内容可以针对性地强化员工在容易犯错的环节的安全意识和操作技能，帮助员工更好地应对潜在的安全风险和挑战。这样的优化能够使培训更贴近实际工作场景，更具实效性和操作性。优化培训内容也需要考虑到员工的学习习惯和接受能力。根据员工的学习特点和需求，可以选择更具吸引力和易理解的培训形式和内容，如图文并茂的培训材料、生动有趣的案例分析等。同时，结合现代化的培训技术，如虚拟现实技术、在线培训平台等，提供多样化的培训方式，满足不同员工的学习需求。这样能够提高培训的参与度和效果，促进员工安全意识和技能的全面提升。

（三）培训效果监测

建立培训效果监测机制是为了确保培训活动的有效性，并实现持续改进。利用大数据技术对培训后员工安全行为和意识的变化进行跟踪和评估，可以客观地了解培训的实际效果，及时发现存在的问题并采取相应的改进措施。监测的内容包括员工在实际工作中的安全行为是否有改变，以及对安全意识的理解和认知是否有提升。通过对培训效果的监测，可以及时发现培训的不足之处，为进一步改进培训内容和方式提供重要参考。培训效果监测需要选择合适的指标和评估方法。可以结合员工的实际工作表现、安全事件发生率、安全意识调查等多种指标来评估培训效果。利用大数据技术，可以对这些指标进行全面、系统的分析，从而客观地评估培训效果的优劣。同时，还可以采用问卷调查、面试访谈等方式获取员工的反馈意见，了解他们对培训的感受和认知程度。通过综合分析各项指标和反馈意见，可以全面地评估培训效果，为后续培训活动的改进提供依据。

培训效果监测还需要建立持续的跟踪机制，对员工的安全行为和意识进行定期的监测和评估。这样可以及时发现员工的安全问题和不足之处，帮助他们及时纠正错误，形成良好的安全行为习惯。同时，也可以通过持续的监测，跟踪员工的安全意识变化和提升情况，为员工的安全培训提供有效的支持和指导。

综上所述，建立培训效果监测机制，并利用大数据技术对培训后员工安全行为和意识的变化进行跟踪和评估，可以全面客观地评估培训效果，及时发现问题并采取改进措施，从而提高培训的实效性和持续性，保障企业的安全生产。

二、安全文化建设

（一）数据驱动的安全文化培育

数据驱动的安全文化培育是一种新型的安全管理理念，利用大数据分析员工的安全行为数据，旨在促使员工形成更加自觉和积极的安全意识和行为习惯。这种方法基于大数据技术的应用，能够深入挖掘员工在工作中的实际行为和习惯，从而更加全面地了解生产线上的安全状态和潜在风险，为安全文化的培育提供了全新的视角和手段。

数据驱动的安全文化培育可以通过多种方式实现。首先是通过数据分析发现员工的安全行为模式和规律，识别出潜在的安全隐患和风险点。其次是利用大数据技术构建安全行为模型，并通过模型预测员工可能存在的安全问题，及时采取预防措施。此外，还可以借助数据可视化技术将安全数据以直观的图表和报告形式展现出来，使员工更加直观地了解安全状况，提高他们的安全意识和行为规范。数据驱动的安全文化培育需要建立良好的数据收集和管理机制。公司应当建立完善的数据采集系统，收集员工的安全行为数据，并对数据进行规范化处理和分析。同时，还需要加强数据安全保护工作，保障员工的隐私权和数据安全，避免数据泄露和滥用。此外，还需要培训员工如何正确理解和利用安全数据，引导他们树立正确的安全观念，增强安全意识。

（二）安全文化宣传教育

安全文化的宣传教育是企业推动安全管理的重要手段之一。通过大数据分析结果进行安全文化的宣传教育，能够更加直观地向员工展示安全问题的现状和严重性，增强员工对安全的重视和认知。这种宣传教育方式不仅可以提高员工对安全风险的认识水平，还可以引导员工树立正确的安全理念，促使他们自觉地遵守安全规章制度，从而降低安全事故的发生率，保障员工的生命安全和财产安全。大数据分析结果可以为安全文化宣传教育提供有力的支持和依据。通过对历史安全事件数据和安全管理数据的分析，可以全面了解企业安全管理的现状和存在的问题，找出安全风险的根源。在安全文化宣传教育中，可以结合实际案例和数据分析结果，向员工展示安全事故的危害和影响，引起他们的警惕性和重视性。同时，还可以根据大数据分析结果发现的问题，制订针对性的安全宣传教育方案，加强对存在安全隐患和风险的宣传教育，提高员工对安全问题的认知水平。

安全文化宣传教育需要多种形式和渠道相结合。除了传统的安全培训课程和宣传资料外，还可以利用现代化的信息技术手段，如互联网、移动应用等，将安全文化的宣传教育内容进行在线推广和普及，提高传播的覆盖面和效果。此外，还可以组织丰富多彩的安全宣传活动，如安全知识竞赛、安全演讲比赛等，通过活动形式增强员工对安全文化的关注度和参与度，达到深入人心的宣传教育效果。

（三）安全价值观强化

安全价值观的强化是构建安全文化的重要举措之一。通过大数据分析员工反馈和意见，可以更加全面地了解员工对安全的态度和观念，从而有针对性地开展安全价值观的强化工作。通过对员工反馈和意见的分析，可以了解到员工对安全的认知水平、态度倾向以及存在的问题和障碍，有针对性地对这些问题和障碍进行改进和优化。这有助于更加科学地制订安全价值观强化的策略和措施，提高员工对安全的认同度和行为一致性，进而树立安全至上的企业文化。

大数据分析结果可以为安全价值观强化提供可靠的依据和支持。通过对员工反馈和意见的大数据分析，可以深入了解员工对安全的认知和态度，发现安全价值观的薄弱环节和短板所在。基于这些分析结果，企业可以有针对性地制订安全价值观强化的策略和措施，针对员工的不同需求和特点进行个性化的安全教育和培训，提高安全价值观的内化程度和执行力度。这样不仅可以增强员工对安全的重视和认知，还能够有效地提高员工的安全行为水平和安全责任感，为构建安全文化打下坚实的基础。安全价值观强化需要全员参与和共建。企业应该积极倡导全员参与安全文化建设，鼓励员工踊跃提出安全建议和意见，促进员工对安全价值观的认同和接受。通过建立开放、透明的沟通机制，倾听员工的声音和反馈，及时解决员工的安全问题和困惑，增强员工对企业的归属感和认同感。这样不仅可以增强员工对安全文化的认同度和忠诚度，还能够形成企业与员工共同构建的安全文化体系，最终实现安全价值观的深入人心和持久发展。

（四）安全文化氛围营造

安全文化氛围的营造是企业建设安全文化的重要环节。通过举办各种形式的安全文化活动和培训讲座，可以有效地向员工传递安全理念和知识，增强员工对安全的认识和重视程度。这些活动可以包括安全文化主题月、安全知识竞赛、安全意识培训等，旨在通过生动、形象的方式向员工普及安全知识，引导员工养成安全意识和行为。通过这些活动的开展，可以增强员工对安全的关注和重视，形成全员参与安全管理的良好氛围。

安全文化活动的举办应当注重形式多样、内容丰富。企业可以根据员工的兴趣和需求，设计具有吸引力和趣味性的安全文化活动，以提高员工参与的积极性和主动性。例如，可以组织安全知识讲座、模拟演练、安全游戏等活动，使员工在参与中更好地理解和掌握安全知识，增强安全意识。此外，还可以利用现代化的技术手段，如虚拟现实、互动课件等，创新安全文化活动形式，提高员工学习的趣味性和效果。安全文化活动的开展需要强调全员参与和共建。企业应该鼓励员工积极参与各类安全文化活动，提高员工对安全生产的主动性和责任感。通过建立安全文化活动的奖励机制，激励员工参与并提出优秀的安全建议和改进建议，增强员工对安全文化活动的参与积极性。此外，还可以建立员工安全文化委员会或安全文化志愿者团队，由员工自发组织和参与安全文化活动，共同营造浓厚的安全文化氛围。

安全文化活动的持续开展是关键。企业应该建立健全的安全文化活动管理机制，定期评估和调整安全文化活动的开展情况，不断完善活动内容和形式，确保活动的持续性和有效性。同时，要不断总结和分享安全文化活动的经验和成效，以促进安全文化氛围的进一步营造和发展。通过持续的安全文化活动，可以逐步形成企业安全文化的核心价值观和行为准则，为企业的安全管理工作提供坚实支撑。

第三节　环境监测与资源利用优化

一、实时环境监测

第一，实时环境监测是确保生产车间安全和员工健康的关键环节。其中，空气质量监测是至关重要的一项任务，它可以实时监测生产车间空气中的颗粒物浓度、有害气体含量等指标。通过监测这些参数，可以及时发现空气质量异常情况，并采取相应的控制措施，保障员工的健康和安全。为了更好地监测空气质量，可以利用先进的传感器技术和数据采集系统，实现对空气质量的实时监测和数据记录。同时，建立空气质量监测预警机制，一旦监测数据异常，能够及时报警并采取紧急措施，确保生产车间的空气质量处于安全范围内。

第二，噪声水平检测是另一个重要的环境监测任务。生产设备产生的噪声可能会对员工的听力健康和工作效率造成影响，因此需要进行实时监测和控制。通过安装噪声传感器和监测设备，可以对生产车间内的噪声水平持续监测，并及时发现噪声超标情况。一旦发现噪声超标，需要立即采取控制措施，如加装隔音设施或调整设备运行参数，降低噪声水平，保障员工的听力健康和工作环境的安静舒适。

第三，温湿度监控也是生产车间环境监测的重要内容之一。适宜的温湿度对于员工的工作效率和健康状态至关重要。过高或过低的温度和湿度会影响员工的工作舒适度和生产效率，甚至引发健康问题。因此，需要建立温湿度监控系统，实时监测车间内的温度和湿度变化。通过监测数据，及时调整车间的空调系统或通风设施，确保车间内的温湿度处于适宜的范围，提升员工的工作舒适度和工作效率。

第四，光照强度监测也是重要的一项环境监测任务。充足的光照可以改善员工的工作环境和工作效率，同时还能提升生产车间的安全性。适当的光照可以减少工作中的视觉疲劳和错误率，提高员工的工作质量和生产效率。因此，需要建立光照强度监测系统，实时监测车间内的光照情况，并根据监测数据调整车间的照明设施，确保光照强度符合工作要求，为员工提供良好的工作环境。

第五，水质监测是环保和生产安全管理的重要环节。生产过程中产生的废水可能含有有害物质，如果未经处理直接排放，可能对环境造成污染和危害。因此，需要建立水质监测系统，对生产废水进行实时监测和分析，确保废水排放符合环保要求。通过水质监测数据，可以及时发现废水中的污染物浓度异常或超标情况，并采取相应的治理措施，如加装废水处理设备或调整生产工艺，以确保废水排放符合环保标准，保护周围环境的安全和清洁。

综上所述，实时环境监测是保障生产车间安全、员工健康以及环境保护的关键举措。通过对空气质量、噪声水平、温湿度、光照强度和水质等关键指标的实时监测，可以及时发现异常情况并采取相应的控制和改善措施，确保生产车间的安全、舒适和环保。利用先进的传感器技术和数据采集系统，实现对环境参数的实时监测和数据记录，为生产管理和环境保护提供有力支持。同时，建立预警机制和应急响应机制，对突发的环境事件做出及时反应，最大程度地减少事故风险和环境影响。通过持续的环境监测和管理，实现生产车间的安全高效运行，为员工的健康和企业的可持续发展提供坚实保障。

二、资源利用分析

（一）能耗分析

能耗分析是评估生产过程中能源利用情况的重要手段。通过分析能源消耗的数据，可以识别出能源浪费和低效问题，并制定相应的节能措施和改进方案，从而降低能源成本，减少环境污染，提高生产效率。通过优化生产过程和设备配置，实现能源的合理利用。

（二）原材料利用率分析

原材料利用率分析是评估原材料利用情况的重要方法。通过对原材料的使用量和废料产生量等数据进行分析，可以评估原材料的利用率，并发现原材料的浪费和低效问题。基于分析结果，可以采取措施优化原材料使用流程，减少废料产生，提高原材料的利用效率，从而降低生产成本，提高资源利用效率。

（三）水资源利用情况分析

水资源利用情况分析对于实现水资源的合理利用至关重要。通过分析生产过程中水资源的使用量和排放量等数据，可以识别出水资源利用的问题和潜在的节约空间，并制订水资源节约方案，包括改进生产工艺、采用节水设备等措施，以减少水资源的消耗和污染，实现可持续利用。

（四）人力资源利用效率分析

人力资源利用效率分析是评估员工工作效率和人力资源利用情况

的重要手段。通过分析员工的工作量、产出和效率等数据，可以评估人力资源的利用效率，并发现存在的问题和改进空间。通过优化工作流程、提高员工技能和培训水平等措施，可以提高人力资源的利用效率，从而提升生产效率和产品质量。

三、节能减排措施

（一）能源替代方案

能源替代方案是应对日益严重的能源问题和环境污染的重要途径之一。传统能源主要依赖化石能源，如煤炭、石油和天然气，但其开采和使用过程中会产生大量的二氧化碳等温室气体，加剧全球气候变化和环境污染。因此，引入清洁能源如风能、太阳能、水能等替代传统能源，成为应对能源和环境双重挑战的必然选择。

清洁能源不仅来源广泛。而且与传统能源相比，清洁能源开发和利用过程中几乎不产生温室气体和污染物，对环境影响较小，有利于改善大气质量和生态环境。引入清洁能源有助于实现能源结构的优化和可持续发展。传统能源的使用受限于资源储量和开采难度，而且随着时间的推移，其开采成本和环境代价不断增加。相比之下，清洁能源具有更为稳定的供应来源和较低的开发成本，有助于提高能源供应的安全性和稳定性，推动能源结构向清洁、低碳、可再生方向转型，促进能源产业的可持续发展。

引入清洁能源还有助于实现经济效益和社会效益的双赢。清洁能源产业的发展将带动相关产业的发展，如光伏产业、风电产业等，创造就业机会，促进经济增长。同时，清洁能源的推广和应用有助于改善居民生活环境，提高生活质量，推动社会可持续发展。因此，引入清洁能源替代传统能源，不仅有利于环境保护和资源利用，也有助于促进经济增长和社会进步。

（二）生产工艺优化

生产过程中的能源消耗是企业成本的重要组成部分，同时也是环境影响的重要因素。因此，采取能源替代方案是降低能源消耗、减少碳排放的重要途径之一。首先，企业可以考虑引入清洁能源替代传统能源。这样的转变不仅可以降低碳排放，减少对环境的影响，还可以有效降低能源成本，提升企业的竞争力。其次，通过技术创新和研发，提高清洁能源的利用效率，进一步降低生产过程中的能源消耗。例如，采用先进的太阳能光伏技术、风力发电技术，提高能源的转化效率，实现能源的可持续利用。

生产工艺的优化是降低能源消耗和废物排放的关键措施之一。通过优化生产工艺,可以有效减少生产过程中的能源浪费和废物排放。

首先,企业可以对现有生产工艺进行全面评估,找出存在的问题和瓶颈,针对性地进行优化。例如,采用先进的生产设备和技术,提高生产效率,降低能源消耗。其次,通过改进生产流程和操作方法,减少废物的产生和排放。例如,实施循环利用和资源综合利用,将废物转化为资源,实现资源的最大化利用。此外,还可以采用节能技术和环保工艺,优化生产过程中的能源利用效率和废物处理效率,降低生产成本,提高产品质量。

综上所述,能源替代和生产工艺优化是企业降低能源消耗和减少废物排放的重要措施。通过引入清洁能源替代传统能源,优化生产工艺,可以有效降低企业的碳排放和环境污染,提高生产效率,降低生产成本,实现可持续发展。因此,企业应该积极采取措施,推动能源替代和生产工艺优化,实现经济效益、社会效益和环境效益的统一。

(三)设备升级改造

设备升级改造是企业降低能源消耗和减少排放的重要手段之一。随着科技的不断进步和市场的竞争压力,企业在生产过程中经常需要对老旧设备进行升级改造,以提高其能源利用效率和减排水平。首先,通过对老旧设备的升级改造,可以引入先进的节能技术和设备,提高设备的能效比,降低能源消耗。例如,替换老旧设备中能效低下的部件,安装节能型电机、变频器等设备,优化设备运行参数,提高设备的生产效率和能源利用效率。其次,通过对设备的智能化改造,实现设备的智能监控和远程控制,进一步提高设备的运行效率和能源利用效率。例如,利用物联网技术、传感器技术等,实现设备的实时监测和数据分析,及时发现设备运行异常和能源浪费问题,采取相应措施进行调整和优化。此外,通过对设备的清洁和维护,保持设备的良好状态,延长设备的使用寿命,减少设备报废和更新的频率,降低资源和能源的消耗。综上所述,设备升级改造是企业降低能源消耗和减少排放的重要途径。通过引入先进的节能技术和智能化设备,加强设备的清洁和维护,可以有效提高设备的能源利用效率和减排水平,降低企业的生产成本,提高企业的竞争力。因此,企业应该积极采取措施,推动设备升级改造工作,实现经济效益、社会效益和环境效益的统一。

(四) 环保设施建设

设备升级改造是提高能源利用效率和减少排放的重要手段之一。随着科技的不断进步,新一代的生产设备往往拥有更高的能源利用效率和更低的排放水平。因此,对老旧设备进行升级改造,是企业实现能源节约和减排的关键举措之一。首先,通过对设备技术更新和功能升级，可以提高设备的运行效率和生产能力，降低单位产品的能耗和排放量。例如，更新设备的控制系统和传感器，提高设备的智能化水平，实现精准控制和节能运行。其次，通过对设备的结构优化和工艺改进，可以减少能源的浪费和废物的产生。例如，改进设备的设计结构，提高设备的传热和传质效率，减少能源在生产过程中的损耗。

环保设施建设是减少排放对环境影响的重要途径之一。随着工业化进程的加快和生产规模的扩大，工业废水和废气排放已经成为环境污染的重要来源之一。因此，建设污水处理设备和废气处理装置，是保护环境、减少污染的关键举措。首先，通过建设污水处理设备，可以对生产过程中产生的废水进行处理和净化，减少对水资源的浪费和污染。例如，采用生物处理技术和物理化学处理技术，将废水中的有机物和重金属等有害物质去除，达到国家和地方环保标准要求。其次，通过建设废气处理装置，可以对生产过程中产生的废气进行收集和处理，减少大气污染物的排放量。例如，采用高效除尘器和废气处理设备，对废气中的颗粒物和有害气体进行去除和净化，降低对环境和人体健康的影响。

设备升级改造和环保设施建设是企业减少能源消耗和减少排放的重要措施。通过对设备的升级改造，提高设备的能源利用效率和减排水平，降低生产成本，提高产品质量，增强企业的竞争力。通过建设环保设施，保护环境、减少污染，实现经济效益和环境效益的双赢。因此，企业应该积极采取措施，推动设备升级改造和环保设施建设，为可持续发展作出积极贡献。

（五）宣传教育活动

开展节能减排宣传教育活动是企业促进环保行动落实的重要举措。通过宣传教育活动，可以增强员工的节能减排意识，提高他们对环保行动的认知和参与度，从而推动整个企业的节能减排工作向更高水平迈进。首先，宣传教育活动可以通过多种形式和渠道进行，包括举办讲座、培训班、主题活动等，覆盖全员，提高员工对节能减排知识和技能的掌握程度。例如，可以邀请专业的节能减排专家举办讲座，介绍节能减排的重要性、方法和技巧，让员工深入了解节能减排的理念和实践。其次，宣传教育活动可以利用现代化的传播手段和平台，如企业内部通讯、宣传栏、电子屏幕、社交媒体等，扩大宣传的影响范围，提高宣传的效果和覆盖率。例如，可以制作节能减排宣传海报、视频、动画等多媒体资料，通过企业内部网络和社交媒体平台进行发布和传播，吸引员工的注意力，激发他们的参与热情。

宣传教育活动还可以结合企业的实际情况和员工的兴趣爱好，设计创新性的宣传内容和活动形式，增强宣传的吸引力和趣味性。例如，可以组织节能减排知识竞赛、节能减排实践活动等，让员工在参与活动的过程中增加对节能减排知识的了解，培养他们的节能减排意识和行为习惯。此外，还可以邀请企业内部的节能减排先进单位和个人进行经验分享，激发员工的学习热情，推动节能减排工作的开展。最后，宣传教育活动需要持续不断地开展，形成良好的宣传氛围和教育机制，使节能减排理念深入人心，真正成为员工行动的内在动力，为企业实现可持续发展目标贡献力量。

第四节　废物处理与回收利用

一、废物数据管理

废物数据管理是企业环境保护和可持续发展的重要组成部分。通过对废物数据的全面管理和分析，可以有效监控和控制废物的产生、处理和处置过程，最大程度地减少对环境的影响，提高资源利用效率。首先，废物产生量监测是废物数据管理的基础，通过实时监测不同类型废物的产生量和产生频率，可以及时了解废物产生情况，为制订废物处理策略提供数据支持。其次，废物成分分析是深入了解废物性质和特征的关键步骤，通过对废物进行成分分析，可以确定其主要成分和含量，为后续的废物处理和处置提供依据和参考。废物来源追溯是建立废物溯源体系的重要环节，通过记录废物的来源和产生环节，可以清晰地了解废物的流向和去向，便于溯源管理和质量控制，确保废物处理的可追溯性和透明度。废物处理记录的详细记录和归档是废物数据管理的重要环节，通过记录废物处理过程和处理结果，可以及时发现和解决废物处理中存在的问题，确保废物处理符合相关的法律法规和标准要求。最后，废物数据分析是废物管理的关键环节，通过对收集的废物数据进行统计分析，可以发现废物产生规律和潜在问题，为优化废物管理策略和措施提供决策支持，实现废物资源化利用和循环经济发展的目标。综上所述，废物数据管理是企业环境保护和资源利用的重要手段，需要加强数据收集、分析和应用，不断提升废物管理的水平和效果，实现可持续发展的目标。

二、废物分类与处理

优化废物分类与处理流程是企业实现可持续发展的重要举措之一。通过建立科学的废物分类标准，可以有针对性地对不同性质的废物进行分类，从而更好地实施后续的处理和管理。首先，制定废物分类标准需要充分考虑废物的成分、来源、处理要求以及环境影响等，确保分类标准科学合理、易于操作。此外，废物分类标准的制定还需要考虑国家相关法律法规和标准的要求，以确保企业的废物管理工作符合法律法规的规定。

在优化回收流程方面，可以通过对废物回收流程进行全面评估和优化，找出流程中的瓶颈和不足之处，提高回收效率和资源利用率。例如，可以优化废物回收设备的布局和配置，采用先进的自动化技术和智能化管理系统，提高回收效率和处理能力。此外，还可以加强与回收厂商的合作，建立长期稳定的废物回收渠道，促进废物资源的充分利用。

针对可回收废物的再利用，可以开发多种资源再利用方案，将废物资源有效地利用于生产过程中，从而降低企业的生产成本和资源消耗。这包括对废物进行再加工、再利用，或者将废物作为原材料或能源进行利用。通过资源再利用方案的实施，不仅可以减少废物的排放，还可以降低企业的生产成本，提高资源利用效率，实现经济效益和环境效益的双重收益。引入先进的废物处理技术是优化废物分类与处理流程的重要手段之一。企业可以通过引进先进的废物处理设备和技术，提高废物处理效率和资源利用水平，减少对环境的污染和影响。例如，可以采用物理、化学或生物等多种手段对废物进行处理和回收，实现废物资源化、无害化和减量化的目标。

最后，建立健全的废物处理监督机制是保障废物处理合规的重要保障。企业可以建立完善的废物处理监督机制，对废物处理过程进行监督、检查和评估，确保废物处理符合国家相关法律法规和标准的要求。同时，加强废物处理过程中的信息公开和社会监督，提高废物处理的透明度和公信力，促进企业更加自觉地履行社会责任，保护生态环境。

三、环保合规管理

在现代社会，环境保护已成为全球范围内的重要议题，企业作为社会的一员，必须承担起环保的责任。因此，建立和实施环保合规管理体系至关重要。首先，企业应严格遵守相关的环保法律法规，包括国家和地方性的环保法规，确保废物处理过程符合法规要求。这包括对废物排放标准、废物处理流程、环境污染物排放等方面的严格控制和监管，以避免对环境造成不良影响。

在进行废物处理前，进行环境影响评估是必不可少的步骤。通过评估废物处理可能对环境造成的影响，可以在处理过程中及时采取相应的防控措施，减少对环境的不良影响，并最大程度地保护生态环境。

这一步骤有助于企业提前预知可能出现的环境问题，从而制订合适的应对策略，保障可持续发展。执行环保标准和管理规定是确保废物处理符合环保要求的重要保障。企业应建立健全的环保管理制度，明确环保责任部门和相关人员，制订详细的环保管理流程和操作规范，确保废物处理活动严格按照环保标准和要求进行，防止环境污染和资源浪费。

为了加强对废物处理过程的监督和管理，企业需要建立完善的废物监管体系。这包括建立废物处理过程的监测系统，实时监测废物处理过程中的环境污染物排放情况和废物处理效果，及时发现和解决问题。同时，加强对废物处理过程的内部审计和外部监督，确保废物处理过程的合规性和透明度，提高企业的环境管理水平。

除了以上措施外，开展环保意识培养活动也是非常重要的。企业应该加强对员工的环保意识培养和教育，以提高员工对环保工作的认识和重视程度。具体做法包括举办环保知识讲座、组织环保主题活动、发布环保宣传资料等方式，增强员工的环保意识，激发员工保护环境的积极性和责任感。通过全员参与的方式，共同营造良好的环保氛围，推动企业环保工作的深入开展，实现企业可持续发展的目标。

第五章　大数据在汽车制造班组设备维护与管理中的应用

第一节　设备状态监测与预测性维护

一、传感器数据采集

第一，对于设备监测参数的实时采集，我们需要确保在生产过程中关键参数的连续监测和采集，以实现对设备运行状态的及时监控。通过传感器设备采集温度、压力、振动、电流等关键参数的数据，我们可以了解设备的工作情况，及时发现异常和故障，并采取相应的维护措施，确保设备的正常运行。

第二，针对数据采集的频率和精度，我们需要根据不同的应用场景和需求来设置。对于需要实时监控的情况，可以选择较高的数据采集频率，以保证数据的实时性和准确性；而对于一些静态参数的监测，可以适当降低采集频率，以节约资源和提高效率。同时，需要确保数据采集的精度足够高，能够满足后续数据分析和应用的要求。

第三，建立数据传输通道和存储系统是保证传感器数据安全可靠地传输和存储的关键步骤。我们可以采用各种传输协议和技术，如Wi-Fi、蓝牙、LoRa等，建立稳定可靠的数据传输通道。同时，需要选择合适的存储设备和系统，确保传感器数据能够安全地存储并及时备份，防止数据丢失和损坏。

第四，针对异常数据的检测，我们可以实施一系列的异常检测算法和机制，对采集到的数据进行实时监测和分析，及时识别出异常数据，并采取相应的处理措施。例如，可以利用统计分析、机器学习等方法，建立异常检测模型，对数据进行异常检测和预警，以确保数据的质量和可靠性。

第五，定期监控传感器数据的质量是保证数据准确性和可靠性的重要手段。我们可以建立数据质量监控系统，定期对采集到的数据进行质量评估和分析，发现数据质量问题并及时处理。通过监控数据的完整性、准确性、一致性、时效性等指标，我们可以及时发现数据质量异常，并采取相应的纠正措施，以保证数据的质量符合分析和应用的要求。

二、大数据分析

（一）特征提取与分析

特征提取与分析是传感器数据处理的关键步骤之一。在这一阶段，我们将通过各种技术和方法从原始的传感器数据中提取出具有代表性的特征，以便后续的数据分析和建模。特征提取的目的是将数据转换为易于理解和处理的形式，从而揭示数据背后的规律性和信息。

特征提取的方法可以包括基本统计特征、频域特征、时域特征、频谱特征等。基本统计特征如平均值、方差、最大值、最小值等能够反映数据的分布情况和波动程度；频域特征如傅里叶变换、小波变换等可以提取出数据的频率分量和周期性信息；时域特征如均方根值、峰峰值等可以描述数据的时序特性和振动情况；频谱特征则可用于分析数据的频谱结构和频率分布。接下来，在特征提取的基础上，我们进行数据分析，以揭示设备运行状态的规律性和异常情况。通过对特征数据的统计分析、时序分析、频谱分析等，我们可以发现设备运行过程中的规律性变化和异常行为。例如，通过观察特征数据的变化趋势和周期性波动，我们可以识别出设备的正常工作模式；同时，通过检测特征数据的异常值和突变点，我们可以及时发现设备可能存在的故障或异常情况。

在数据分析过程中，我们可以利用机器学习和数据挖掘等技术，构建预测模型和异常检测模型，以进一步提高对设备状态的理解和预测能力。通过训练模型并应用到实际数据中，我们可以实现对设备运行状态的实时监测和预测，及时发现并预防潜在的故障和问题，保障设备的正常运行和生产效率。在数据分析的过程中，我们需要不断优化和改进特征提取和分析的方法，以适应不同场景和需求。通过引入新的特征提取技术和数据分析方法，我们可以更全面地了解设备运行状态，提高数据分析的效率和准确性，为设备运维和管理提供更可靠的支持。

（二）模型构建与训练

模型构建与训练是基于大数据分析结果来建立设备状态预测模型的关键环节。在这个阶段，我们可以选择合适的机器学习算法或深度学习模型，如支持向量机、随机森林、神经网络等，根据数据特点和预测任务的复杂度来构建模型。首先，我们需要将提取到的特征作为模型的输入，然后利用已标记的数据样本进行模型的训练。在训练过程中，我们可以采用交叉验证等方法来评估模型的性能，并进行参数调优以提高模型的预测准确度和泛化能力。通过不断迭代和优化，我们可以建立一个能够准确预测设备状态的模型，为设备运行的监控和维护提供有力支持。

在模型构建和训练的过程中，还需要考虑到数据量的问题。通常情况下，我们需要足够的数据样本来训练模型，以确保模型的泛化能力和稳定性。因此，如果数据量较小或者存在样本不平衡的情况，可以采用数据增强、数据合成等方法来扩充数据集，以提高模型的训练效果。此外，还需要注意模型的可解释性和可理解性，确保模型的预测结果能够被有效解释和应用于实际的生产环境中。

三、预测性维护

（一）维护计划制订

维护计划的制订是保障设备可靠性和持续运行的关键环节之一。通过结合故障模式和预测模型的结果，我们可以制订出针对性的维护计划，以提前预防可能发生的故障和损坏，最大程度地减少设备停机时间和生产损失。在制订维护计划时，首先需要对设备的故障模式进行深入分析，了解设备可能出现的故障类型、频率和影响。这包括常见的故障模式，如磨损、老化、腐蚀等，以及特定设备可能存在的独特故障模式。通过对故障模式的分析，我们可以识别出设备的关键部件和易损部位，为后续的维护计划制订提供依据。维护计划的制订需要结合预测模型的结果，根据设备的实际运行状态和预测的故障风险，制订出合理的维护策略和周期。预测模型可以帮助我们识别出设备可能出现的故障类型和发生的概率，以及需要进行维护的时间点和频率。基于这些信息，我们可以制订出针对性的维护策略，包括预防性维护、定期维护、修复性维护等。同时，还需要考虑到维护的成本和效益，选择合适的维护周期和方式，以最大程度地降低维护成本和生产损失，提高设备的可靠性和运行效率。

在制订维护计划的过程中，还需要考虑到设备的实际运行环境和工作条件。不同的工作环境和条件可能对设备的磨损和损坏产生不同程度的影响，因此需要根据实际情况对维护计划进行调整和优化。此外，还需要考虑到维护过程中可能出现的不确定性和意外情况，制订相应的预案和措施，以应对突发事件和紧急情况，确保维护工作的顺利进行和安全完成。综上所述，维护计划的制订是一个综合考量各种因素的过程，需要综合考虑设备的实际情况、预测模型的结果以及工作环境和条件等因素，制订出科学合理的维护策略和周期，以确保设备的稳定运行并提高生产效率。

（二）运维决策支持

运维决策支持是利用数据分析和预测模型为运维人员提供决策依据和指导，帮助他们更好地安排维护资源和时间，提高维护工作的效率和质量。数据在支持运维决策中起着至关重要的作用，通过对设备运行数据、故障历史数据以及维护记录等进行分析，可以发现设备的运行规律和潜在问题，为维护决策提供依据。此外，预测模型的应用可以帮助预测设备未来可能出现的故障和问题，提前采取相应的维护措施，避免设备停机和减少生产损失。

运维决策支持需要结合实际情况和运维需求，根据不同设备的特点和运行状态，制订相应的维护策略和计划。在提供数据支持的同时，还需要考虑到运维人员的经验和专业知识，充分发挥其在维护决策中的作用。维护决策支持系统可以根据实际情况和需求，提供多样化的数据分析和预测模型，帮助运维人员全面了解设备的运行状态和健康状况，及时发现和解决潜在问题，提高维护效率和准确性。在运维决策支持过程中，还需要考虑到数据的可视化和易理解性，确保运维人员能够直观地理解数据分析和预测模型的结果，并据此做出合理的维护决策。数据可视化可以通过图表、报表、仪表盘等形式展现数据分析和预测模型的结果，使运维人员能够一目了然地了解设备的运行状况和维护需求，及时采取相应的措施，保障设备的正常运行和生产效率。

综上所述，运维决策支持是运用数据分析和预测模型为运维人员提供决策依据和指导，帮助他们合理安排维护资源和时间，提高维护工作的效率和质量。通过综合利用数据分析、预测模型和运维人员的经验，可以实现对设备运行状态的全面监测和精准预测，有效降低设备故障率和维护成本，提高设备的可靠性和运行效率。

（三）预防性维护实施

预防性维护是一种基于预测和预防的维护策略，通过对设备运行数据进行分析和预测，提前发现设备可能出现的故障和问题，从而采取相应的维护措施，避免设备发生故障和停机，降低维修成本和生产损失。预防性维护与传统的故障修复维护相比，具有更高的效率和成本效益，可以在设备出现故障之前就采取措施，避免故障对生产造成的影响，提高设备的可靠性和稳定性。

预防性维护的实施需要依靠预测模型和数据分析技术，对设备的运行状态和性能进行监测和分析，发现潜在问题并提前预测设备可能出现的故障。预测模型可以基于历史数据和设备运行规律进行构建和训练，通过对设备运行参数的监测和分析，预测设备未来的运行状态和健康状况，为预防性维护提供可靠的依据。在实施预防性维护时，需要根据预测模型的结果和建议，制订相应的维护计划和方案，确定维护的时间和内容。维护人员可以根据预测模型提供的信息，对设备进行定期检查、保养和调整，及时发现和解决潜在问题，延长设备的使用寿命和稳定性，降低设备的故障率和维修成本。

预防性维护还需要建立完善的维护管理体系和监测机制，确保维护工作的及时性和有效性。维护人员需要定期对设备进行检查和维护，记录维护过程和结果，对维护效果进行评估和反馈，不断优化和改进维护策略和方法，提高预防性维护的水平和效果。预防性维护是一种基于数据分析和预测模型的维护策略，通过提前发现和预测设备可能出现的故障和问题，采取相应的维护措施，避免设备停机和降低维修成本，提高设备的可靠性和稳定性。预防性维护需要依靠可靠的预测模型和数据分析技术，建立完善的维护管理体系和监测机制，以确保维护工作的有效性和持续性。

（四）维护效果评估

维护效果评估是确保预防性维护策略有效性和持续性的关键步骤。通过对维护措施的效果进行评估和分析，可以及时发现维护工作中存在的问题和不足之处，进一步优化维护策略，提高设备的可靠性和稳

定性。评估的过程包括对维护前后设备运行状态的比较，维护措施的

成本效益分析，以及维护工作的整体效果评价。

维护效果评估需要收集和分析大量的数据，包括设备运行参数、

维护记录、维护费用等信息。通过对比维护前后的设备运行数据，如

故障率、停机时间、生产效率等指标，评估维护措施对设备性能的影

响。同时，还需要对维护措施的成本和效益进行分析，包括维护费用、

维护周期、维护人员工时等方面的数据，评估维护工作的成本效益比。

通过综合分析数据，评价维护措施的实际效果和经济效益，为后续维

护工作提供参考和指导。在维护效果评估过程中，需要建立科学的评

估指标体系和评估方法，确保评估结果客观准确。评估指标可以包括

设备的可用率、故障率、维修频率等运行性能指标，以及维护成本、

维护周期、维护响应时间等经济效益指标。维护效果评估方法可以采

用定量分析和定性分析相结合的方式，通过数据统计和综合分析，全

面评估维护工作的效果和质量。

除了定期对维护效果进行评估外，还需要建立持续改进的机制，

及时调整和优化维护策略。根据评估结果和反馈意见，对维护计划和

措施进行调整和改进，不断提高维护工作的水平和效率。同时，还需

要加强对维护人员的培训和管理，提升其专业技能和工作质量，保障

维护工作的顺利实施和维护效果的持续改进。

第二节　维修历史与维护记录管理

一、维修历史记录

首先，维修历史记录是设备管理中至关重要的一环。它不仅提供了维修的实际情况，还为未来的维护工作提供了宝贵的参考和经验积累。通过仔细记录每次维修的细节和过程，可以建立起完整的维修历史档案，有助于发现设备故障的规律性和趋势，进而改进维护策略和周期。此外，维修历史记录还是对设备运行状况进行监控和分析的重要依据之一。

其次，维修内容记录是维修历史记录的核心。它详细描述了每次维修的具体内容和细节，包括故障现象、原因分析、维修措施以及使用的工具和方法等。通过记录维修内容，可以系统地追踪设备的故障情况和处理过程，为未来的维修工作提供重要的参考依据，有助于提高维修的效率和质量。维修时间记录是确保维修过程及时、高效进行的关键。准确记录维修的开始时间和结束时间可以帮助评估维修的效率和维修周期，及时发现维修过程中的问题和瓶颈，并采取相应的措施加以改进。此外，维修时间记录还可以为未来的维修计划和资源调配提供参考依据，实现更加合理的维修安排。

维修人员记录是追溯维修责任和评估维修过程中的关键环节。记录参与维修的人员信息可以帮助管理者了解每位维修人员的工作情况和表现，识别并表彰表现优秀的维修人员，同时也可以对不良维修行为进行追责和纠正，从而提高维修工作的质量和效率。

维修耗材记录是确保维修过程顺利进行的重要保障。通过记录维修过程中使用的耗材和配件信息，可以有效控制维修成本，管理库存和采购，确保维修过程中所需的耗材充足且来源可靠。此外，维修耗材记录还可以为未来的维修工作提供参考依据，帮助管理者做出更加合理的维修决策和规划。

最后，维修结果评估是对每次维修的效果进行全面评估和总结。通过评估维修结果，可以了解维修的实际效果和维修成本，及时发现维修过程中存在的问题和改进空间，并采取相应的措施加以改进。维修结果评估可以帮助管理者更好地了解设备的运行状况，提高设备的可靠性和稳定性，从而实现设备管理的持续改进和提升。

二、数据管理系统

第一，数据管理系统在维修历史记录中起着至关重要的作用。它不仅是维修历史数据的存储平台，还承担着数据备份、归档、权限管理、更新维护以及数据共享等多种功能，为有效管理和利用维修历史数据提供了坚实支撑。在当今信息化时代，数据被视为企业最宝贵的资产之一，而维修历史数据作为记录设备维修过程和故障信息的重要信息，其管理和利用显得尤为重要。因此，建立和维护一个完善的数据管理系统，对于保障设备运行的稳定性，提高维修效率、降低维修成本具有重要意义。

第二，数据存储与备份是数据管理系统的基础。通过建立可靠的数据存储和备份系统，可以确保维修历史数据的安全性和完整性。定期进行数据备份，并存储在安全可靠的设备和地点，以防止数据丢失或损坏，保障数据的可靠性和持久性。同时，备份数据的存储位置应选择在不同的物理地点，并定期进行备份数据的测试和恢复演练，以确保备份数据的完整性和可用性。

第三，数据分类与归档是对维修历史数据进行有效管理的关键环节。通过对数据进行分类和归档，可以将数据按照一定的规则和标准进行整理和存储，便于后续检索和分析。合理的数据分类和归档体系能够提高数据的组织性和可用性，为数据的有效利用奠定基础。例如，可以根据设备类型、故障类型、维修人员等因素对数据进行分类，并建立相应的归档规则和标准，以方便日后的检索和分析。

第四，数据权限管理是保障数据安全的重要手段。建立严格的数据权限管理机制，对不同人员的数据访问权限进行精细化控制，防止未经授权的人员获取和修改数据，确保数据的机密性和完整性，保护数据的安全。在实施数据权限管理时，应根据员工的工作职责和需要，设定不同的权限等级，确保每位员工只能访问其所需的数据，并建立相应的审批流程和日志记录，以便对数据访问和操作进行监控和追溯。

第五，数据更新与维护是保持数据质量和时效性的关键环节。定期对维修历史数据进行更新和维护，及时补充和修正数据中的错误和遗漏，确保数据的准确性和时效性。同时，对数据进行清理和优化，保持数据的整洁和规范，提高数据的可读性和可用性。此外，应建立数据更新和维护的责任制度，明确责任人和工作流程，确保数据更新和维护工作的及时性和有效性。

第六，数据共享与交流是促进组织内部协作和沟通的重要手段。建立数据共享平台，为组织内部的各个部门和人员提供便捷的数据访问和交流渠道，促进维修历史数据在组织内部的交流和分享，加强团队协作，提高工作效率和协同能力。数据共享的平台可以是企业内部的信息系统，也可以是专门的数据共享平台或协作工具。通过数据共享，可以促进团队成员之间的信息共享和经验传承，提高团队整体的维修能力和水平。

三、历史数据分析

第一，在维修历史数据分析中，故障频率分析是一项关键任务。通过统计分析设备各种故障的发生频率和趋势，可以发现哪些故障类型更为常见，以及它们出现的规律。这有助于识别设备中的潜在问题或设计缺陷，并能够提前采取相应的预防措施。例如，如果某种类型的故障频率异常高，可能需要对设备进行进一步的优化或改进，以提高其稳定性和可靠性。

第二，维修成本分析是维修历史数据分析中的重要内容之一。通过对每次维修的成本构成和维修费用进行分析，可以发现造成维修成本较高的因素，并从根源上找出导致成本增加的原因。这种分析有助于企业更好地控制维修成本，并采取相应的措施来降低维修费用，例如优化维修方案、提高维修效率、选择更经济的备件替换方案等。

第三，维修效率评估是评估维修工作效率和及时性的重要手段。通过对维修工作的时间消耗、维修进度和完成情况等方面进行评估，可以发现维修过程中存在的瓶颈和问题，并提出相应的改进建议。例如，如果发现某些维修工作耗时过长或存在等待时间较长的情况，可以通过优化工作流程、提高人员技能水平或增加维修资源等方式来提高维修效率。在维修历史数据分析中，预防性维护建议是非常重要的一环。通过对历史数据的分析，可以发现一些具有潜在故障风险的设备部件或系统，并提出相应的预防性维护建议，以减少设备故障发生的可能性。这些建议可能涉及定期检查、清洁、润滑、更换易损件等，有助于延长设备的使用寿命并提高设备的可靠性。

第四，维修质量改进是维修历史数据分析的重要目标之一。通过结合历史数据分析结果，可以识别出维修过程中存在的质量问题和改进空间，并制定相应的改进措施。这些改进措施可能涉及提高维修技术水平、优化维修流程、加强质量管理等方面，有助于提高维修质量和设备的可靠性，从而降低故障率和维修成本。

第三节　零部件库存与备件管理

一、库存数据管理

（一）库存位置追踪

库存位置追踪是现代企业管理中不可或缺的一环。随着企业规模的扩大和业务的复杂化，库存管理变得越来越重要，尤其是对于零部件等关键物资的追踪管理。通过对库存位置进行追踪，企业可以实现对物料的实时监控和管理，确保库存物资的准确性和及时性。库存位置追踪可以提高库存管理的效率。在传统的库存管理模式下，企业往往难以准确掌握物料的存放位置，容易导致物料丢失、过期或闲置等问题。而通过建立库存位置追踪系统，可以实现对物料的精确定位和追踪，降低物料的丢失率和误用率，提高库存管理的精度和效率。

库存位置追踪有助于降低库存成本。通过对库存位置进行追踪，企业可以及时发现库存中的闲置物料或过期物料，并采取相应措施及时处理，避免资源的浪费和资金的占用。此外，库存位置追踪还可以帮助企业优化库存布局，合理调配库存物资，降低库存成本和资金占用成本，提高资金周转效率。

库存位置追踪还有助于提高客户服务水平。通过精确追踪库存位置，企业可以及时响应客户需求，实现对订单的及时处理和配送。这有助于提高客户满意度，增强客户对企业的信任，促进企业与客户之间的长期合作关系。

（二）库存状态跟踪

库存状态跟踪是现代企业库存管理中的关键环节之一。随着市场竞争的加剧和客户需求的多样化，企业需要实时了解库存物料的状态变化，以便灵活调整库存策略，满足市场需求。通过跟踪零部件的状态变化，企业可以及时了解物料的使用情况、质量状况和库存量，为库存管理决策提供重要依据。

库存状态跟踪有助于优化库存管理策略。企业可以根据物料的实际情况，对库存物料进行分类和管理，包括待检、在用、报废等状态。针对不同状态的物料，制订相应的库存管理策略，如加强对待检物料的监控和检验，优化在用物料的使用和配送，及时处理报废物料，以确保库存物料的合理利用和及时更新，提高库存管理的效率和精度。库存状态跟踪有助于降低库存风险。通过跟踪库存物料的状态变化，企业可以及时发现并处理可能存在的问题，如过期物料、质量问题等，避免库存风险的发生。同时，库存状态跟踪还可以帮助企业及时调整库存策略，根据市场需求和库存物料的实际情况，灵活调整库存规模和结构，降低库存风险和资金占用成本。

二、大数据分析

在现代企业管理中，库存动态分析是至关重要的一环。通过对库存数据的动态变化趋势进行分析，企业可以更好地了解库存的变化规律和趋势，从而预测未来的库存需求，有针对性地制订库存管理策略。这有助于企业避免因库存过剩或不足而带来的问题，优化库存，提高库存管理的效率和精度。通过库存动态分析，企业可以及时调整库存策略，确保库存水平能够满足市场需求，同时降低库存成本和风险。

库存优化策略的制订是基于大数据分析的重要应用之一。借助大数据分析技术，企业可以深入挖掘库存数据背后的规律和关联性，发现库存管理中存在的问题和潜在优化空间。基于分析结果，企业可以制订一系列库存优化策略，包括优化订货策略、调整库存水平、改进供应链管理等方面。这些策略旨在降低库存持有成本和风险，提高库存管理的效率和精度，为企业的可持续发展提供有力支持。库存周转率分析是评估库存管理效率的重要指标之一。库存周转率是指企业在一定时期内库存的流动情况，反映了企业库存管理的灵活性和效率。通过大数据分析库存周转率，企业可以评估当前库存管理的效果，及时发现存在的问题和瓶颈，并采取相应措施加以改进。优化库存周转率有助于提高资金利用效率，降低库存持有成本，增强企业的竞争力和盈利能力。

库存分布优化是通过大数据分析实现的重要目标之一。通过分析库存数据，企业可以了解不同物料或产品的存储情况和需求量，从而优化库存的布局。合理的库存分布可以减少库存存放空间，提高仓库利用率，降低库存管理成本，同时提高物料或产品的检索效率和交付速度。通过大数据分析，企业可以实现库存管理的精细化和智能化，提升供应链管理的水平和效率，增强市场竞争力。

三、供应链协同

（一）供应商信息共享

供应商信息共享在现代供应链管理中扮演着至关重要的角色。通过与供应商共享库存数据，企业能够实现供应链的信息透明化，实时了解供应商的库存情况、生产能力以及交付能力等关键信息。这种信息共享不仅有助于企业更好地规划自身的库存管理策略，还可以帮助供应商更好地了解客户的需求，提前调整生产计划和库存水平，从而实现供需协同，减少库存积压和缺货风险，提高供应链的反应速度。

供应商信息共享有助于实现供应链的协同管理。通过共享库存数据，企业和供应商可以实现信息共享和协同决策，共同优化供应链的运作效率和成本控制。例如，企业可以根据供应商的库存情况和生产能力调整自身的订单量和交付计划，避免因库存过剩或不足而导致的供需失衡问题。同时，供应商也可以根据企业的需求和订单情况调整自身的生产计划和库存策略，提高生产效率和资源利用效率。这种供应链的协同管理有助于降低供应链的运营风险，提高供应链的整体效率和竞争力。供应商信息共享还有助于建立长期稳定的合作关系。通过共享库存数据，企业和供应商可以建立起相互信任和合作的基础，共同面对市场变化和挑战。企业能够更加了解供应商的实力和信誉，选择合适的供应商合作伙伴，降低供应链的风险。同时，供应商也能够更加了解企业的需求和要求，提供更加适合企业的产品和服务，增强企业的竞争力和市场地位。这种长期稳定的合作关系有助于双方共同发展，实现共赢局面。

（二）库存调配协同

库存调配协同是一种有效的供应链管理策略，旨在通过与供应商协同合作，根据实际需求和市场变化，灵活调整备件库存的分布和配置，以最大程度地提高库存利用率和满足客户需求。这种协同调配的模式使得企业能够更加灵活地应对市场变化和客户需求的波动，避免因库存过剩或不足而导致的资源浪费和订单延误等问题。通过与供应商共同合作，企业可以实现库存的合理配置，减少库存积压和资金占用，提高库存周转率和资金利用效率，从而降低库存管理成本和风险。

库存调配协同能够有效优化供应链的运作效率和成本控制。通过与供应商协同合作，企业可以及时了解供应商的库存情况和生产能力，根据需求灵活调整备件库存的分布和配置，避免因库存不足而导致的订单延误或客户投诉等问题。同时，通过与供应商共同合作，企业可以优化供应链的运作流程和资源配置，降低采购成本和库存持有成本，提高供应链的整体效率和竞争力。这种协同调配的模式有助于实现供需协同和资源共享，推动供应链的持续优化和升级，提高企业的市场响应速度和灵活性。库存调配协同还有助于建立长期稳定的合作关系。通过与供应商协同合作，企业和供应商可以共同制订库存调配方案和合作协议，建立起相互信任和合作的基础。双方可以共同承担风险和分享收益，共同应对市场变化和挑战，实现共赢发展。这种长期稳定的合作关系有助于提高供应链的稳定性和可持续发展能力，增强企业的市场竞争力和抗风险能力。

（三）库存备件共享

建立库存备件共享机制是一种创新的供应链管理模式，旨在通过与供应商建立合作伙伴关系，共同管理备件库存，实现库存资源的共享和优化利用。在这种机制下，企业可以与供应商共同管理备件库存，共享库存信息和资源，避免备件的重复采购和库存积压，降低库存占用成本和资金压力。通过建立库存备件共享机制，企业可以充分利用供应商的库存资源，减少不必要的库存存放，提高库存周转率和资金利用效率，降低库存持有成本和风险。

库存备件共享机制能够提高供应链的灵活性和应变能力。通过与供应商建立库存备件共享机制，企业可以根据实际需求和市场变化灵活调整备件库存的配置和分布，及时满足客户需求，避免因库存不足或过剩而导致的订单延误或资金浪费。与此同时，库存备件共享机制还可以帮助企业降低库存风险，减少因备件库存过时或损坏而造成的损失，提高供应链的应变能力和抗风险能力，巩固并提升企业在市场竞争中的优势地位。库存备件共享机制有助于构建稳定可靠的供应链合作关系。通过与供应商建立库存备件共享机制，企业可以共同管理备件库存，共享库存信息和资源，建立起相互信任和合作的基础。双方可以共同制订库存管理方案和合作协议，共同承担风险和分享收益，共同推动供应链的持续优化和升级。这种稳定可靠的供应链合作关系有助于提高供应链的稳定性和可持续发展能力，增强企业在市场竞争中的竞争力和影响力。

第四节　设备故障分析与改进

一、故障数据收集

（一）故障类型记录

故障类型记录是设备维护管理中的重要环节，通过详细记录设备发生的各类故障，可以帮助企业全面了解设备运行状态，识别常见故障类型，并为后续的维护管理提供重要参考。在记录故障类型时，需要包括各类故障的具体描述和特征，例如机械故障可能包括设备零部件的损坏、磨损或松动等情况；电气故障可能涉及电路连接问题、电源供应异常等情况；软件故障可能涉及程序错误、系统崩溃等情况。通过详细记录各类故障类型，可以帮助企业建立起全面的故障库，为未来的故障诊断和预防提供有力支持。故障类型记录有助于分析设备故障的规律和趋势，为故障预测和预防提供依据。通过对故障类型的记录和分析，可以发现设备故障发生的规律和趋势，例如某类故障在特定的工作条件下更容易发生，或者在特定的时间段内故障频率较高等情况。这些规律和趋势的发现，可以帮助企业采取针对性的预防措施，及时修复潜在问题，降低设备故障发生的可能性，提高设备的可靠性和稳定性。

故障类型记录还可以为设备维修工作提供指导和支持。通过对故障类型的记录和分析，可以帮助维修人员快速定位故障原因，采取有效的维修措施，提高维修工作的效率和质量。例如，对于经常发生的某类机械故障，维修人员可以针对性地加强对相关零部件的检查和维护，以减少该类故障的发生；对于某类电气故障，可以加强对电路连接的检查和测试，以消除电气故障隐患。通过不断积累和更新故障类型记录，可以帮助企业建立起科学有效的维修管理体系，提高设备维修的效率和质量。

（二）故障信息共享

故障信息共享是促进企业内部各部门间沟通合作的重要方式之一。通过与相关部门共享故障数据，企业能够消除信息孤岛，促进跨部门之间的信息流通。比如，生产部门可以通过了解设备故障情况，及时调整生产计划或采取措施，以减少故障对生产进度的影响。质量部门可以根据故障数据分析，提出产品质量改进建议，从而提高产品的稳定性和可靠性。此外，与供应商分享故障信息也有助于建立更紧密的合作关系，共同解决故障问题，提高供应链的稳定性和效率。故障信息共享有助于加速故障解决过程和提高问题解决效率。在面对复杂的故障情况时，通过与相关部门和供应商分享故障信息，可以汇聚更多的智慧和资源，共同探讨解决方案。不同部门和供应商可能具有不同的专业知识和经验，他们的参与和贡献有助于全面分析故障原因，并快速找到解决问题的有效途径。此外，故障信息共享还能够避免各部门重复解决相同的故障问题，节约资源和时间成本，提高问题解决效率。故障信息共享有助于建立学习型组织和促进持续改进的企业文化。通过与相关部门和供应商分享故障信息，企业可以建立起一个开放、包容的知识共享平台，鼓励员工间的学习和交流。在这样的氛围中，员工更愿意分享自己的经验和见解，共同探讨问题，寻找解决方案。这种学习型组织的建立有助于企业不断吸取经验教训，不断改进和完善自身的工作流程和管理体系，提高整体竞争力和创新能力。

二、大数据分析

（一）故障模式识别

故障模式识别是利用大数据技术来分析设备故障数据，从中发现故障发生的模式和规律。通过对大量的故障数据进行分析和挖掘，可以揭示出不同类型故障之间的联系和共性，找到故障发生的背后原因。这有助于企业更深入地了解设备运行过程中可能出现的问题，及时采取措施加以解决或预防。例如，通过故障模式识别，企业可以发现某些特定条件下频繁发生的故障模式，从而提前预警并加以防范，避免设备停机和生产损失。

故障模式识别能够帮助企业建立更精准的预测模型，实现故障预测和预防。通过分析历史故障数据，大数据技术可以识别出不同故障类型的典型特征和发生规律，进而建立预测模型。这些模型可以用于监测设备状态，提前发现故障的迹象，并预测故障发生的可能性和时间，为企业提供更充分的准备时间和解决方案。通过预测模型的应用，企业可以采取针对性的预防措施，及时调整设备运行参数，减少设备故障的发生，提高设备的可靠性和稳定性。故障模式识别可以为企业提供深入的故障分析和优化建议。通过对故障数据的深入分析，大数据技术可以识别出故障发生的主要原因和影响因素，找到解决问题的关键点。基于这些分析结果，企业可以制订更加精准的维修方案和改进措施，针对性地改善设备的设计、运行和维护策略，提高设备的整体性能和可靠性。此外，故障模式识别还可以为企业提供参考和借鉴，促进技术创新和工艺改进，推动企业持续发展。

综上所述，故障模式识别是利用大数据技术对设备故障数据进行分析和挖掘，发现故障的模式和规律，为企业提供故障预测、预防和优化的支持和建议。企业应充分利用大数据技术，深入挖掘故障数据的潜在信息，不断完善故障模式识别系统，提高设备的可靠性和运行效率，实现持续发展。

（二）故障趋势分析

故障趋势分析旨在分析设备故障的发展趋势，预测故障的可能性和发生规律，以便及时采取预防措施。通过对历史故障数据的分析，结合时间序列分析和统计模型等方法，可以发现故障的周期性、季节性等规律，预测故障的发生趋势和高峰期。这种趋势分析有助于企业及时调整设备维护计划和备件库存策略，提前做好应对措施，降低故障对生产运营的影响。例如，如果故障数据显示某一设备在某个季节或特定时段容易出现故障，企业可以提前做好备件储备、加强设备监控和维护，以减少故障对生产的影响，保障生产的稳定运行。故障模式识别和故障趋势分析是利用大数据技术对设备故障数据进行深度挖掘和分析的重要手段。通过这些分析，企业可以更准确地了解设备故障的规律和趋势，及时采取预防措施，提高设备的可靠性和稳定性，保障生产的持续运行。因此，企业应充分利用大数据技术，加强故障数据的收集、分析和应用，不断提升设备管理水平，实现生产运营的持续改进和优化。

（三）故障影响评估

故障影响评估需要对不同类型的故障进行分类和分析。这意味着识别并理解各种故障类型，包括机械故障、电气故障、软件故障等。通过对故障进行分类，可以更好地了解每种类型故障可能对生产过程和设备性能产生的影响。故障影响评估需要考虑故障对生产效率的影响。这包括了解故障发生时设备停机时间的长短，以及停机对整个生产线的影响程度。通过分析这些数据，可以确定故障处理的优先级，优化维修计划，尽量减少生产停滞时间，提高生产效率。故障影响评估还需要考虑故障对资源利用率的影响。这包括对能源、原材料等资源的消耗情况进行评估，以及故障对资源浪费的可能性进行分析。通过评估资源利用率的影响，可以采取相应措施，优化资源利用，降低成本，提高生产效益。

故障影响评估还应考虑故障对产品质量和安全的影响。故障可能导致产品质量下降、生产过程中出现错误，甚至可能导致安全隐患。因此，对故障可能引起的产品质量和安全问题进行评估和预测，是故障影响评估的重要内容之一。故障影响评估还需要结合历史数据和统计分析，识别故障发生的规律和趋势。通过对历史故障数据的分析，可以更有效地预测未来故障及其发生规律，及时采取预防措施，降低故障对生产过程的影响。

三、改进措施实施

设备维护优化是改进措施的重要组成部分。根据故障分析结果，可以优化设备维护计划和频率。这意味着将维护重点放在容易发生故障的部件或设备上，采取预防性维护措施，及时更换老化零部件，以减少设备故障的发生，提高设备的可靠性和稳定性。

工艺调整改进也是改进措施的重要方面。通过针对常见故障类型进行工艺流程的调整，可以提高设备运行的稳定性和可靠性。这包括对生产流程、操作方法等方面进行调整，以减少故障发生的可能，提高设备的生产效率和产品品质。

设备更新升级是改进措施的重要内容之一。根据故障数据分析结果，可以考虑对老化设备进行更新升级。通过更新升级设备，可以提升设备的性能和可维护性，延长设备的使用寿命，减少故障发生的可能性，提高生产效率和产品质量。

人员培训加强也是改进措施的重要环节。针对常见故障类型开展相关人员培训，可以提高员工对设备故障的识别和处理能力，加强员工的技能培训，提高其对设备维护和操作的熟练程度，从而减少人为因素对设备故障的影响，提高设备的可靠性和稳定性。

通过设备维护优化、工艺调整改进、设备更新升级和人员培训加强等一系列改进措施的实施，可以有效地提高设备的可靠性和稳定性，降低故障发生的可能性，保障生产线的正常运行，提高生产效率和产品质量。

第五节　设备效率与利用率提升

一、设备效率监测

设备效率监测是现代生产管理中至关重要的一环，通过对设备运行状态的实时监测和数据分析，能够有效提高生产效率、降低生产成本，进而提升企业竞争力。下面将详细介绍设备效率监测的各项内容及其重要性。运行参数监控是设备效率监测的基础。通过实时监测设备运行参数，如速度、温度、压力等，能够及时了解设备的运行状态，发现异常情况并及时处理。这有助于提高设备的稳定性和可靠性，保障生产线的正常运行。故障诊断功能是设备效率监测的关键。设备效率监测系统应具备故障诊断功能，能够及时发现设备故障并提供警报。这样可以减少因设备故障导致的生产停机时间，提高生产效率和生产线的稳定性。

生产周期分析是评估设备效率和稳定性的重要手段。通过分析设备的生产周期，可以了解设备的生产效率和稳定性，发现生产过程中的瓶颈和问题，并采取相应的措施进行优化和改进。停机时间记录对于评估设备的运行稳定性和可靠性至关重要。记录设备的停机时间和停机原因，有助于分析设备的故障频率和故障类型，及时发现设备存在的问题并采取措施加以解决，从而减少生产线的停机时间，提高生产效率。

实时报告生成是设备效率监测的重要输出。通过生成实时的设备效率报告，可以及时反映设备的运行情况，为生产决策提供数据支持。这有助于管理人员及时了解生产状况，做出合理的生产调度和决策，最大限度地提高生产效率和企业竞争力。

二、大数据分析

大数据分析在设备效率监测和利用率提升中发挥着重要作用，其应用范围涉及数据挖掘技术的应用、效率影响因素的分析、效率趋势的预测、异常检测与预警以及效率改进建议的提出。以下将逐一进行阐述。

数据挖掘技术的应用是大数据分析的基础。通过利用数据挖掘技术，可以从海量的设备效率数据中挖掘出潜在的规律和关联性。这有助于发现隐藏在数据背后的有价值信息，为后续的数据分析和决策提供支持。

效率影响因素的分析是大数据分析的重要内容之一。通过分析影响设备效率的因素，如人为操作、设备老化等，可以找出对设备效率产生重要影响的关键因素。这为进一步采取措施提升设备效率提供了重要线索和依据。

效率趋势的预测是大数据分析的重要应用之一。通过对历史数据和趋势的分析，可以预测设备效率的发展趋势，提前采取相应的措施来应对可能出现的问题，保障生产的顺利进行。

建立异常检测与预警系统也是大数据分析的重要任务之一。通过建立异常检测模型，可以及时发现设备效率的异常情况，并生成预警信息。这有助于生产管理人员及时介入并采取措施，最大限度地减少生产损失。

　　根据数据分析结果提出效率改进建议是大数据分析的重要输出之一。通过对设备效率数据的深入分析，可以发现问题所在并提出改进建议，优化设备操作流程和维护方案，从而进一步提升设备效率和生产效率。

三、优化措施实施

　　在设备维护优化方面，制订合理的维护计划是至关重要的。通过数据分析，可以更精准地预测设备的维护需求，避免因为维护不及时而导致的设备故障和停机时间增加。这不仅可以提高设备的可靠性和稳定性，还能降低维护成本，并且使生产计划更加可靠和高效。此外，优化维护流程也是重要的一环，可以通过改进维护流程和方法，提高维护效率和质量，减少维护时间，进一步降低生产成本和生产风险。

　　在运行参数调整方面，充分利用数据分析结果对设备的运行参数进行调整可以实现生产效率的最大化。通过监测和分析设备运行参数，发现并调整影响设备效率的关键因素，可以提高设备的生产能力和稳定性，降低能源消耗和生产成本。同时，针对不同的生产需求和工艺要求，调整设备的运行参数，可以实现生产过程的灵活性和多样性，提高生产的适应性和竞争力。

在人员培训与技能提升方面，加强员工的培训是提高设备效率的关键。通过针对性的培训课程和技能培训计划，提高员工对设备操作和维护的技能水平，可以减少因为人为操作不当而导致的设备故障和生产事故，提高生产效率和安全性。此外，培训还可以增强员工的团队协作能力和问题解决能力，促进生产过程的协调和顺畅，提高整体生产效率和质量水平。

对老化设备进行更新升级是保持设备效率持续提升的重要举措。通过引入先进的技术和设备，可以提高设备的性能和生产效率，降低能源消耗和生产成本，并且延长设备的使用寿命。同时，更新升级还可以提升设备的安全性和可靠性，降低维护成本和生产风险，使生产过程更加稳定和可靠。因此，对老化设备进行更新升级是提高企业竞争力和可持续发展的重要举措。在持续监测与改进方面，建立有效的数据监测系统是实现设备效率持续提升的关键。通过建立数据监测系统，及时收集和分析设备运行数据，可以及时发现设备效率的问题和瓶颈，并采取及时有效的措施进行改进和优化。同时，建立持续改进机制，定期评估设备效率和生产效率，并持续改进和优化生产流程和管理策略，可以保持生产的持续改进和优化，不断提高企业的竞争力和市场地位。

第六章　大数据在汽车制造班组团队合作与沟通中的应用

第一节　团队绩效分析与评估

一、数据驱动的绩效指标

数据驱动的绩效指标在现代企业管理中具有重要意义，它们不仅可以帮助团队了解自身的业务表现，还可以指导决策和行动，以实现组织的战略目标。以下将分别就生产效率指标、质量指标、成本控制指标、客户满意度指标和创新能力指标展开讨论。

生产效率指标是衡量团队生产力的重要指标之一。其中，产量是最基本的生产效率指标之一，它直接反映了团队在单位时间内完成的产品数量。另外，产能利用率也是一个关键指标，它衡量了团队实际生产能力与潜在生产能力之间的关系。通过监测和分析这些指标，团队可以及时调整生产计划，提高生产效率，实现资源的最大化利用。

质量指标对于团队的业务表现同样至关重要。产品合格率是衡量产品质量的核心指标，它直接关系到客户满意度和品牌声誉。次品率则反映了团队在生产过程中出现的缺陷和不合格产品的比例。团队可以通过不断改进生产工艺和质量管理体系，降低次品率，提高产品质量，确保产品符合市场和客户的要求。

成本控制指标是评估团队经营管理水平的重要标志。单位生产成本是衡量生产效率和经济效益的关键指标之一，它直接影响到团队的盈利能力和竞争力。原材料损耗率则反映了团队在生产过程中的资源利用效率。通过控制成本，团队可以提高盈利水平，增强企业的可持续发展能力。

客户满意度指标是评估团队服务质量和市场竞争力的重要指标。通过调查或收集客户反馈数据，团队可以了解客户对产品和服务的满意程度，及时发现问题并改进，提升客户满意度，增强客户忠诚度，从而稳固市场份额。

创新能力指标反映了团队的技术实力和创新活力。专利申请数量是一个重要指标，它反映了团队在技术创新方面的成果和实力。新产品研发速度则直接关系到团队的市场竞争力和发展潜力。团队可以通过不断提升创新能力，推动技术创新，开发出更具竞争力的产品和服务，赢得市场先机。

二、绩效数据收集

绩效数据的收集是企业管理和决策的基础，通过有效地收集和分析绩效数据，企业可以全面了解自身的运营状况、市场竞争情况以及员工表现等方面的情况，从而制定有效的战略和决策，提升企业的竞争力和持续发展能力。

实时生产数据采集是确保生产过程顺利进行的关键一环。通过利用传感器或监控设备实时采集生产数据，企业可以及时了解生产线的运行状态、产量情况以及设备运转情况等关键指标。这些数据对于生产计划的调整、生产效率的提升以及资源的合理利用都具有重要意义。同时，质量数据记录对于保证产品质量具有至关重要的作用。建立质量数据库，记录每个生产批次的质量数据，可以帮助企业分析产品质量的波动情况、产品缺陷的原因以及生产工艺的改进方向。通过对质量数据的记录和分析，企业可以及时发现质量问题，并采取相应的措施进行改进，提高产品质量水平，增强市场竞争力。

员工表现评价是企业人力资源管理的重要内容之一。采集员工的工作表现数据，包括工作效率、工作态度、专业能力等方面的数据，可以帮助企业全面评估员工的绩效水平，并根据评估结果对员工进行激励、培训和晋升等方面的管理决策。通过对员工表现数据的收集和分析，企业可以激励员工积极工作，提高团队整体绩效水平。

客户反馈收集是企业了解市场需求和客户满意度的重要途径。通过调查问卷、客户投诉等方式收集客户反馈数据，可以帮助企业及时了解客户对产品和服务的评价、需求变化以及存在的问题。企业可以根据客户反馈数据及时调整产品设计、改进服务质量，以提高客户满意度，增强客户忠诚度，从而实现持续增长。

竞争对手数据监测是企业制定竞争战略的重要依据之一。通过监测竞争对手的绩效数据，企业可以了解竞争对手的运营状况、市场份额、产品特点等情况，从而及时调整自身的战略和策略，提升自身的竞争优势。竞争对手数据监测可以帮助企业全面了解市场动态，把握市场机遇，规避市场风险，实现可持续发展。

三、绩效分析与评估

（一）数据挖掘分析

数据挖掘分析在当今企业管理中具有重要作用，尤其是在解决复杂问题和发现潜在规律方面。通过利用大数据分析技术，企业可以深入挖掘绩效数据中的信息，从而更好地了解企业运营状况、市场需求以及客户行为等方面的特征和趋势。

　　在进行数据挖掘分析时，首先需要收集和整理大量的绩效数据，包括生产数据、销售数据、财务数据、市场数据等多个方面的数据。这些数据可能来自于不同的部门和系统，需要进行有效的整合和清洗，以确保数据的准确性和完整性。数据挖掘分析需要运用各种数据分析方法和技术，如聚类分析、关联规则挖掘、分类与预测等。通过这些方法和技术的应用，可以深入挖掘数据之间的关联性和规律性，发现隐藏在数据背后的有价值信息。例如，可以通过聚类分析将绩效数据划分为不同的群组，识别出不同群组之间的差异和共性，从而找出问题根源并提出针对性的改进措施。

　　数据挖掘分析还可以帮助企业发现未来的趋势和机会。通过对历史数据的分析和预测，可以预测未来市场的需求变化、产品销售趋势以及竞争态势，为企业的战略决策提供重要参考。例如，可以基于历史销售数据和市场趋势预测未来产品的需求量，以便企业及时调整生产计划和供应链管理策略。数据挖掘分析还可以帮助企业发现隐藏在数据中的异常情况和潜在风险。通过对异常数据的识别和分析，可以及时发现并处理潜在的问题，从而降低企业的运营风险。例如，可以利用异常检测技术识别出异常的生产数据或财务数据，及时调整生产计划或资金管理策略，以避免可能的损失和风险。

（二）绩效对比分析

绩效对比分析是一种常用的评估方法，它通过将团队或企业的绩效数据与行业平均水平或历史数据进行对比，来评估团队的相对表现。这种分析方法有助于发现团队在绩效方面的优势和劣势，为制订改进措施提供重要参考。在进行绩效对比分析时，首先需要收集和整理团队或企业的绩效数据，包括生产数据、销售数据、财务数据、客户反馈等多个方面的数据。这些数据应该具有可比性，即采用相同的指标和单位进行度量，以确保对比的准确性和有效性。

需要选择合适的对比对象，可以是行业平均水平、竞争对手的绩效数据，或是历史数据。选择对比对象时应考虑到其代表性和可信度，以确保对比的客观性和准确性。例如，可以将团队的生产效率与同行业其他企业的平均水平进行对比，以评估团队在生产效率方面的相对表现。在进行对比分析时，需要注意将数据进行标准化处理，以消除不同数据之间的差异性，使得对比更具有说服力。标准化处理可以采用比率、指数或百分比等方法，将数据转换为相同的度量单位或基准，从而便于进行比较和分析。对比分析还应该结合具体的背景和条件进行综合考量。例如，行业平均水平可能受到行业整体发展水平、市场竞争程度等因素的影响，因此在进行对比分析时需要考虑这些因素的影响，以避免得出不准确的结论。

绩效对比分析的结果应该被用于制订改进措施和提升绩效的策略。通过对比分析发现的团队优势和劣势，可以帮助团队更好地制订目标和规划发展方向，以提升团队的整体绩效水平，提高竞争力和持续发展能力。

（三）绩效趋势预测

绩效趋势预测是一项重要的管理工具，它通过分析历史数据和趋势，预测未来团队或企业的绩效发展方向和趋势。这种预测可以帮助管理者及时调整策略和措施，以适应未来发展的变化和挑战。

在进行绩效趋势预测时，首先需要收集并整理大量的历史绩效数据，包括生产数据、销售数据、财务数据等多个方面的数据。这些数据应该具有连续性和可靠性，以确保预测的准确性和可信度。需要运用合适的分析方法和工具对历史数据进行分析，发现其中的规律和趋势。常用的分析方法包括趋势分析、时间序列分析、回归分析等。通过这些分析方法，可以识别出历史数据中的周期性变化、季节性变化、趋势性变化等规律，为未来的预测提供依据。在进行绩效趋势预测时，还需要考虑外部环境的影响因素，如市场需求变化、竞争格局变化等。

这些外部因素可能对团队或企业的绩效产生重要影响，因此需要在预测模型中进行充分考虑，以提高预测的准确性和可靠性。

（四）问题诊断与改进

问题诊断与改进是绩效管理过程中至关重要的一环。它不仅帮助团队或企业发现存在的问题和瓶颈，还能够针对这些问题制订相应的改进方案和措施，以提高绩效水平并持续优化团队运营。在进行问题诊断时，首先需要收集并分析绩效数据，识别出团队或企业存在的问题和不足之处。这些问题可能涉及生产流程、工作效率、质量问题、成本控制等方面，需要通过全面的数据分析和调查来确定。针对识别出的问题，需要进行深入的原因分析，找出问题发生的根源。这可能涉及多个方面，如人员因素、流程问题、技术设备问题等。通过系统的分析和调查，可以较为准确地确定问题的根本原因。

接下来，针对确定的原因，需要制订相应的改进方案和措施。这些方案和措施应该具体、可行，并且能够有效解决问题。在制订改进方案时，需要考虑到资源限制、时间周期、人力成本等因素，以确保改进措施的实施顺利进行。需要对制订的改进方案进行实施和跟踪，确保方案能够顺利落地并产生预期效果。在实施过程中，可能会遇到各种挑战和困难，需要及时调整和优化方案，以确保改进工作的顺利推进。

第二节 沟通效率优化

一、数据化沟通工具

（一）实时消息传递

实时消息传递是现代工作环境中必不可少的沟通工具之一。它使团队成员能够快速、方便地交流信息，无论是在办公室、远程工作还是在移动工作场景中。通过实时消息传递工具，团队成员可以即时发送和接收消息，轻松地分享想法、讨论问题、协调任务，极大地提高了团队的协作效率和工作效率。实时消息传递可以带来高效的沟通体验。相比于传统的邮件沟通方式，实时消息传递更具即时性和互动性，能够实现实时交流和即时反馈。团队成员可以随时随地通过手机、电脑等设备进行沟通，不受时间和地点的限制，大大提升了沟通的效率和便利性。此外，实时消息传递还支持多种形式的信息交流，包括文字、图片、语音、视频等，满足了不同沟通需求，提升了沟通的灵活性和多样性。

实时消息传递也有助于加强团队协作和凝聚力。团队成员之间可以通过实时消息传递工具分享工作进展、表达观点、解决问题，增进了彼此之间的了解和信任。通过团队群组、频道等功能，团队成员可以便捷地组织沟通、协作项目，加强团队的凝聚力和协作能力。此外，实时消息传递也可以提供一种轻松愉快的沟通氛围，增进团队成员之间的友好关系，促进团队文化的建设和发展。

（二）文件共享平台

建立文件共享平台是现代团队协作中的关键步骤之一。在日常工作中，团队成员通常需要共享各种文档，如项目计划、报告、表格、演示文稿等。通过建立统一的文件共享平台，团队成员可以将这些文档上传至平台并授权给其他成员进行访问和编辑，从而实现团队内部的协作和信息共享。

文件共享平台提供了便捷的文档管理和查阅功能。团队成员可以根据项目或主题将文档进行分类和归档，使其更易于管理和查找。此外，文件共享平台通常提供了搜索功能，可以快速定位需要的文档，节省了团队成员查找文件的时间，提高了工作效率。文件共享平台还具有版本控制和权限管理功能。团队成员可以随时上传和更新文档，并查看文档的修改历史记录。这样可以确保团队成员始终使用最新的文档版本，避免了版本混乱和误用。同时，文件共享平台还可以根据团队成员的角色和权限设置不同的文件访问权限，保护重要文档的安全性和机密性。

文件共享平台也促进了团队的协作和沟通。团队成员可以在文档上进行评论、提出建议，实时进行讨论和协商。此外，文件共享平台还可以与其他协作工具集成，如实时消息传递、项目管理等，实现更高效的团队协作。通过这些功能，团队成员可以更加紧密地协作，共同完成任务和项目，提升团队的工作效率和协作水平。

（三）数据分析支持

数据分析支持是现代团队协作中的关键组成部分之一。通过整合数据分析功能，团队成员可以更好地利用沟通数据来了解团队内部的动态、识别问题和发现机会。数据分析可以帮助团队成员深入挖掘沟通数据背后的信息，从而更准确地评估团队的绩效，了解团队成员的需求和情况，以及预测未来的发展趋势。

数据分析支持可以帮助团队成员根据沟通数据做出更明智的决策。通过对沟通数据的分析，团队成员可以发现团队内部的问题和瓶颈，了解团队成员之间的互动情况，以及识别团队的优势和劣势。这些信息对于制定战略规划、优化工作流程、改进团队管理等方面都具有重要意义，可以帮助团队成员做出更明智、更有效的决策，从而提高团队的整体绩效和竞争力。数据分析支持还可以为团队提供定制化的数据报告和可视化分析结果。通过可视化的方式呈现沟通数据的分析结果，可以使复杂的数据更易于理解和解释，帮助团队成员更直观地了解团队的情况和趋势。定制化的数据报告还可以根据团队成员的需求和关注点，提供个性化的分析结果，为团队成员提供有针对性的决策支持。数据分析支持还可以为团队提供持续的改进和优化方案。通过对沟通数据的持续分析和监测，团队可以及时发现问题和机会，并采取相应的改进措施。数据分析支持可以帮助团队成员不断优化沟通策略、改进工作流程，从而提高团队的工作效率和绩效水平。同时，持续的数据分析还可以帮助团队不断学习和进步，保持竞争优势。

二、沟通数据分析

（一）沟通频率分析

沟通频率分析是评估团队沟通效率和成员互动情况的重要工具。通过对团队成员的沟通频率进行分析，可以了解团队成员之间的沟通活跃度和频繁程度。这种分析有助于发现团队内部的沟通模式、交流习惯和沟通渠道的偏好，为团队领导者和管理者提供有价值的参考信息，以便更好地优化团队沟通方式和提高沟通效率。沟通频率分析可以帮助团队识别沟通瓶颈和问题。通过分析沟通频率，可以发现是否存在沟通频率不足或过多的情况，以及是否有团队成员在沟通中被忽视或排斥的情况。这些问题可能会影响团队的协作效率和凝聚力，因此及早识别并解决这些问题对于团队的发展至关重要。沟通频率分析还可以帮助团队发现潜在的合作机会和创新动力。通过分析团队成员之间的沟通频率，可以发现是否存在某些团队成员之间的沟通较为频繁，或者是否存在某些话题或项目受到团队成员特别关注。这些现象可能暗示着团队内部的合作潜力和创新动力，为团队领导者提供了发现和利用这些机会的线索。

沟通频率分析还可以为团队提供改进沟通效率的建议。通过对团队成员沟通频率的分析，可以发现哪些沟通渠道或工具被广泛使用，哪些沟通方式更受欢迎，以及哪些时间段是团队成员之间沟通的高峰时段。这些信息可以为团队领导者提供指导，帮助他们优化团队的沟通策略，选择更有效的沟通渠道和工具，提高团队的协作效率和工作效率。

（二）沟通方式评估

沟通方式评估是为了确定哪种沟通方式更适合团队的工作需求。团队成员可能会使用多种沟通方式，如面对面会议、电话、电子邮件、即时通信工具等。不同的沟通方式适用于不同的场景和目的，而沟通

方式的选择会直接影响到团队成员之间的沟通效率和工作效果。通过

对不同沟通方式的评估，团队可以了解每种沟通方式的优势和劣势，

从而更加合理地选择和运用适合团队工作需求的沟通方式。这样可以

提高团队的沟通效率，促进信息的流通和共享，加强团队协作，提升

工作效率和绩效水平。沟通方式评估还可以帮助团队成员更好地理解

和尊重彼此的沟通偏好。不同的团队成员可能对于沟通方式有着不同

的偏好和习惯，了解并尊重彼此的沟通偏好可以减少误解和冲突，有

利于团队协作的顺利进行。通过沟通方式评估，团队可以建立起一种

灵活多样的沟通文化，充分发挥团队成员的沟通优势，促进团队的整

体发展和壮大。

（三）沟通效率评估

沟通效率评估是为了分析沟通过程中的时间消耗和效率，旨在发

现沟通效率低下的原因。在团队工作中，高效的沟通是确保团队顺利

协作和任务顺利完成的关键因素之一。通过对沟通效率进行评估，团

队可以了解沟通过程中存在的问题和瓶颈，有针对性地采取措施进行

改进和优化。沟通效率评估需要从多个方面进行分析。首先，团队可

以评估沟通过程中所需的时间，包括准备时间、沟通时间和后续跟进

时间等。通过比较实际沟通所需的时间与预期时间，可以发现是否存

在沟通效率低下的情况。其次，团队可以评估沟通过程中的信息传递效率，包括信息的清晰度、准确性和及时性等方面。如果信息传递不清晰或存在误解，会导致沟通效率低下，影响团队工作的顺利进行。另外，团队还可以评估沟通过程中的参与度和互动性，了解团队成员之间的沟通积极性和合作程度，从而发现沟通效率低下的原因。

三、沟通模式优化

（一）沟通方式灵活化

灵活的沟通方式是确保团队沟通高效进行的关键因素之一。根据沟通数据分析结果进行优化，团队可以更好地选择适合的沟通方式和时间安排，以满足不同情境下的沟通需求。在团队工作中，存在多种沟通方式，每种方式都有其独特的优势和适用场景。通过灵活运用这些沟通方式，并结合沟通数据分析结果，团队可以更好地满足不同情况下的沟通需求，提高沟通效率和质量。

根据沟通数据分析结果优化沟通方式需要综合考虑多方面因素。首先，团队可以根据成员的地理位置和工作时间安排选择合适的沟通方式。例如，对于分布在不同地区的团队成员，可以利用视频会议或电话会议进行远程沟通，以减少时间和成本的消耗。其次，团队还可以根据沟通目的和内容的复杂程度选择合适的沟通方式。对于简单的信息传递和讨论，可以通过电子邮件或即时通信工具进行沟通，而对于复杂的问题或决策，可能需要进行面对面会议或电话会议，以便更深入地交流和讨论。进一步地，团队还可以根据沟通数据分析结果优化沟通时间安排，以提高沟通效率。根据团队成员的工作习惯和时间安排，选择最佳的沟通时间段，避免在团队成员繁忙或不便沟通的时间进行沟通。此外，团队还可以采取灵活的时间安排方式，如定期安排固定的沟通时间，或根据需求随时进行沟通，以确保团队成员之间的沟通畅通无阻。

（二）信息透明度提升

信息透明度的提升是加强团队沟通和协作的重要手段。通过加强信息共享和透明度，团队成员可以更清晰地了解工作进展和目标，增强团队的凝聚力和协作效率。在工作中，信息的透明度意味着团队成员可以及时地获取到必要的信息，了解团队的工作重点和目标，从而更好地为团队的共同目标努力。通过沟通数据分析，团队可以了解信息共享的情况和效果，发现信息传递中存在的问题和瓶颈，从而采取措施加强信息透明度，提升团队的工作效率和成果。在实践中，团队可以通过建立定期的信息共享机制，如团队会议、工作报告等，加强团队成员之间的信息交流和沟通。此外，团队还可以借助现代技术手段，如团队协作平台、在线文档共享工具等，实现信息的实时共享和透明化管理。通过沟通数据分析，团队可以及时发现信息共享方面存在的问题，并采取针对性的改进措施，提升信息透明度，增强团队的凝聚力和执行力。

（三）沟通技巧培训

沟通技巧培训是提升团队沟通效果的重要举措。针对团队成员的沟通问题开展培训，可以有效地提高团队成员的沟通技巧和表达能力，从而促进团队内部沟通的顺畅和高效。沟通是团队协作和合作的基础，而良好的沟通技巧和表达能力则是实现有效沟通的关键。通过沟通技巧培训，团队成员可以学习如何有效地表达自己的观点和意见，如何倾听和理解他人的意见，以及如何处理沟通中的冲突和误解等。这些技能的提升可以帮助团队成员更好地与他人合作，增强团队的凝聚力和协作效率。

沟通技巧培训应该注重实践和反馈。在培训过程中，团队成员可以通过实际的沟通案例和角色扮演等方式进行实践，加深对沟通技巧的理解和掌握。此外，培训过程中还应该提供及时的反馈和指导，帮助团队成员发现自己的沟通问题和不足之处，并提供针对性的改进建议。通过实践和反馈，团队成员可以逐步提升沟通技巧，增强团队的沟通效果和合作能力。

沟通技巧培训还应该注重个性化和多样化。不同的团队成员可能存在不同的沟通问题和需求，因此培训内容应该根据个体的特点和需求进行个性化设置。此外，培训形式和方法也应该多样化，既可以采用课堂教学的形式，也可以通过小组讨论、案例分析等方式进行培训。通过个性化和多样化的培训方式，可以更好地满足团队成员的学习需求，提高培训效果和成效。

（四）沟通工具优化

沟通工具的优化是提升团队沟通效率和质量的关键步骤。随着团队规模的扩大和工作方式的多样化，沟通工具的功能和性能也需要不断地进行优化和改进，以满足团队成员的日常沟通需求。根据用户反馈和数据分析结果，不断地对沟通工具进行优化，可以提高团队成员的工作效率和沟通体验，促进团队内部的信息共享和协作。

沟通工具优化应该注重用户体验和易用性。沟通工具的设计应该简洁清晰，界面友好，操作便捷，以便团队成员能够轻松地使用和掌握。此外，沟通工具的功能应该丰富多样，满足不同团队成员的沟通需求。例如，除了基本的文字聊天功能外，还可以增加语音通话、视频会议等功能，提供多样化的沟通方式，以适应不同工作场景和沟通需求。

沟通工具优化还应该注重安全性和隐私保护。在设计和优化沟通工具时，应该采取有效的安全措施，确保团队成员的沟通内容和个人信息得到保护，防止信息泄露和数据安全风险。此外，沟通工具的隐私设置应该灵活可调，允许用户根据自己的需求和偏好设置个性化的隐私保护措施，保障用户的隐私权益。

第三节　团队知识共享与协作平台

一、知识管理系统

（一）知识分类清晰

建立清晰的知识分类体系对于团队的知识管理至关重要。通过将知识按照不同的主题和类别进行分类，可以使团队成员更加方便地找到所需信息，提高工作效率和准确性。在现代企业环境中，知识的数量和复杂性不断增加，如果没有一个清晰的分类系统，团队成员很容易迷失在海量的信息中，导致信息搜索和获取变得困难和低效。

建立清晰的知识分类体系有助于促进知识共享和协作。当团队成员能够轻松地找到所需的知识资源时，他们更愿意将自己的知识和经验分享给团队中的其他成员。这样就可以实现团队内部的知识共享和协作，避免了知识孤岛的形成，提高了团队整体的工作效率和质量。建立清晰的知识分类体系还有助于降低团队成员的学习成本。在一个复杂的工作环境中，团队成员可能需要不断学习新知识和技能以适应工作需求。如果知识分类不清晰，团队成员就需要花费大量的时间和精力来寻找和学习相关知识，增加了学习的难度和成本。而有了清晰的知识分类体系，团队成员可以更快速地找到所需信息，并且可以更有针对性地进行学习，降低了学习的时间和成本。

建立清晰的知识分类体系还有助于提高团队的创新能力。当团队成员能够轻松地访问和获取各种知识资源时，他们更容易从不同领域的知识中获取灵感和启发，促进创新思维的产生和交流。此外，清晰的知识分类体系还可以帮助团队成员更好地理解和把握行业趋势和前沿技术，为团队的创新和发展提供更加广阔的视野和可能性。

（二）多媒体支持

多媒体支持在知识管理系统中的重要性不言而喻。随着信息技术的不断发展，传统的文本形式已经不能满足人们获取和消化知识的需求。很多时候，图像、视频等多媒体形式能够更直观地传递信息，使得知识更加生动和易于理解。因此，将多媒体支持纳入知识管理系统，可以大大提升团队成员的学习和工作效率。

多媒体支持有助于提高团队成员的参与度和兴趣。相比于枯燥的文字资料，图像、视频等多媒体形式更加生动直观，更容易引起团队成员的兴趣和注意。通过多媒体形式呈现的知识内容，可以让团队成员更愿意投入到学习和工作中去，提高其积极性和主动性。多媒体支持还能够满足不同学习习惯和偏好的团队成员需求。不同的人有不同的学习方式和偏好，有些人更喜欢通过阅读文字来获取知识，而有些人则更喜欢通过观看视频或浏览图片来学习。因此，提供多种形式的知识存储方式，可以满足不同团队成员的个性化学习需求，提高其学习体验和效果。多媒体支持也有助于提升知识传递的效率和效果。有些知识内容通过文字难以准确传达，而通过图像或视频形式可以更直观地展现出来，使得信息传递更加清晰和易于理解。这样一来，团队成员之间在交流和沟通时，可以更加高效地分享知识和经验，促进团队的学习和成长。

（三）搜索功能优化

搜索功能在知识管理系统中的重要性不言而喻。随着知识库的不断积累和扩展，团队成员需要快速地找到他们所需的信息和知识内容。一个强大的搜索功能可以大大提升团队成员的工作效率和学习效果。

通过简单的关键词搜索，团队成员就能够快速地找到所需的知识内容，而不必费时费力地手动浏览整个知识库。

搜索功能的精准度和准确性对于团队的知识管理至关重要。一个优秀的搜索功能应该能够根据关键词的匹配度和相关性，精准地呈现与团队需求相关的知识内容。通过对搜索算法的优化和提升，可以确保搜索结果的准确性和可靠性，从而满足团队成员对知识的准确获取需求。搜索功能的智能化也是提升用户体验的重要手段。通过引入智能搜索技术，系统能够根据用户的搜索历史、偏好和行为习惯，提供个性化的搜索结果和推荐。这样一来，团队成员可以更加轻松地找到他们感兴趣的知识内容，提高了系统的用户满意度和使用体验。搜索功能的快速响应和高效率也是其必备的特点。随着知识库的不断增长，搜索功能需要在短时间内快速地响应用户的搜索请求，并迅速呈现出相应的搜索结果。通过优化搜索引擎的性能和算法，可以提升搜索功能的响应速度和检索效率，满足用户对于快速获取信息的需求。

（四）知识更新提醒

知识更新提醒功能在知识管理系统中扮演着至关重要的角色。随着团队知识库的不断更新和演进，团队成员需要及时了解新的知识内容或补充信息，以便及时获取最新的知识资源并应用于工作中。因此，设置知识更新提醒功能可以有效地确保团队成员始终保持对知识库内容的关注和了解，从而提高团队的工作效率和绩效水平。

知识更新提醒功能应该具有灵活性和定制性。团队成员可能对不同主题或类别的知识感兴趣程度不同，因此应该允许他们根据自己的需求和偏好进行提醒设置。例如，团队成员可以选择订阅特定主题或关键词的更新提醒，或者根据自己的工作职责和兴趣选择接收相应的知识更新提醒。知识更新提醒功能的及时性也是其重要特点之一。团队成员需要在知识内容更新或补充后尽快收到提醒通知，以便他们能够第一时间了解最新的信息，并及时应用于工作实践中。因此，知识更新提醒功能应该能够实现实时或定时提醒，确保团队成员在第一时间获取最新的知识。

知识更新提醒功能还应该具有多样化的提醒方式和渠道。除了传统的邮件提醒外，还可以通过短信、即时消息、App 推送等方式向团队成员发送更新提醒，以满足不同团队成员的接收习惯和需求，提高提醒的覆盖率和有效性。

二、协作工具优化

（一）多人实时编辑

多人实时编辑是一种高效的协作方式，能够极大地提升团队的工作效率和沟通效果。通过支持多人同时编辑同一文档，团队成员可以直接在文档中进行实时编辑和交流，而不需要通过传统的文件传递和修改方式，大大缩短了沟通和协作的时间。

多人实时编辑能够促进团队成员之间的密切合作和交流。在同一文档中进行实时编辑，团队成员可以即时看到其他成员的修改和评论，从而更加方便地进行讨论和协商。这种实时的交流方式能够加强团队成员之间的沟通和协作，提高团队的整体凝聚力和合作效率。

多人实时编辑还有助于降低信息传递和沟通的误解和偏差。通过直接在同一文档中进行编辑和交流，团队成员可以清晰地了解彼此的意图和想法，避免因为信息传递不准确而导致的误解和偏差。这种高度透明和实时的沟通方式能够有效地提升团队的工作效率和质量。多人实时编辑还可以提升团队的协同创作能力和创新能力。团队成员可以共同在文档中迸发创意，展开讨论，充分发挥团队的集体智慧和创造力。这种开放式的协作方式有助于激发团队成员的创新意识和思维活跃度，为团队的持续发展和进步注入新的动力。

（二）权限管理灵活

灵活的权限管理机制是保障团队信息安全和工作高效的重要手段之一。通过设置不同级别的权限，可以确保每位团队成员在工作中拥有适当的权限，既能够方便地访问和编辑需要的文档，又能够有效地保护机密信息和敏感数据。

灵活的权限管理机制可以根据团队成员的角色和职责进行特定的设置。不同职位的团队成员可能需要不同级别的权限，因此可以根据其工作需要设置相应的权限。例如，团队领导和管理者可能需要更高级别的权限，以便他们能够查看和管理所有的文档，而普通团队成员可能只需要访问和编辑与其工作相关的文档。灵活的权限管理机制还可以根据项目或部门进行灵活调整。不同项目或部门可能有不同的安全和保密要求，因此可以根据具体情况对权限进行灵活设置。这样可以确保每个项目或部门都能够根据其工作需要获取适当的权限，同时也能够有效地保护项目和部门的机密信息。

灵活的权限管理机制还可以结合审批流程，确保权限的合理使用和控制。通过设置审批流程，可以对权限的申请和调整进行审批和审核，以确保权限的使用符合相关规定和制度，并能够及时发现和纠正权限滥用的情况。

（三）交流互动平台

交流互动平台是团队协作和沟通的重要工具之一，它为团队成员提供了一个开放的、便捷的交流平台，有助于促进团队之间的沟通与合作。通过交流互动平台，团队成员可以随时随地进行交流和互动，无论是讨论工作事务、解决问题，还是分享想法和经验，都可以在平台上进行。交流互动平台的功能丰富多样，不仅可以进行文字交流，还可以包括图片、视频、文件等多种形式的内容。这样的多样化功能能够更好地满足团队成员不同的沟通需求，提高交流的效率和质量。例如，团队成员可以通过上传图片或视频来展示工作成果或问题，或者分享相关文件和资料，从而更直观地进行交流和讨论。

交流互动平台还可以设立讨论区和留言板等功能，方便团队成员就特定话题展开讨论或留下意见和建议。讨论区可以根据不同的主题或项目进行分类，使讨论更有针对性和效果，而留言板则可以让团队成员在不方便进行实时交流时留下信息，其他成员可以随时查看和回复。交流互动平台还可以提供通知和提醒功能，及时通知团队成员有新的讨论或留言，确保信息的及时传达和处理。这样可以有效地提高团队的工作效率和协作效果，促进团队成员之间的交流和互动。

（四）效率统计与分析

效率统计与分析是对团队协作过程进行量化和分析的重要手段之一。通过记录和分析协作过程中的效率指标，团队可以更好地了解工作的进展情况、成员的工作状态以及协作效率，为团队管理和决策提供数据支持。协作过程中的效率指标可以包括但不限于编辑次数、版本更新频率、任务完成时间等。这些指标反映了团队成员在协作过程中的活动和表现，能够帮助团队了解团队成员的工作量、工作质量以及协作效率等情况。编辑次数可以反映团队成员在文档协作过程中的修改次数，较高的编辑次数可能意味着文档内容需要多次修改和完善，也可能反映出团队成员之间沟通和协作的频繁程度。而版本更新频率则可以反映团队对文档的更新和修改频率，较高的更新频率可能表明团队对文档内容的调整和完善比较频繁，也可能表明团队成员之间的协作效率比较高。

通过对这些效率指标的统计和分析，团队可以发现工作中存在的问题和瓶颈，并针对性地采取措施进行改进和优化。例如，如果发现某个团队成员的编辑次数过多，可以通过培训和指导来提高其工作效率和质量；如果发现某个任务的版本更新频率较低，可以通过调整任务分配和工作流程来提高任务的完成速度和质量。

三、数据分析支持

（一）知识流程分析

知识流程分析是指对团队内部知识共享的流程和路径进行深入研究和分析，旨在了解知识在团队中的流动方式、传递路径以及交流模式，从而发现存在的问题和优化空间。知识流程分析的首要任务是对知识共享的流程进行全面梳理和分析。这包括从知识产生、共享、传递到应用的全过程进行考量，深入了解知识如何在团队内部流动和传递。通过对知识流程的梳理，可以清晰地了解知识在团队内部的流向和路径，明确知识交流的主要环节和关键节点。

针对知识流程中存在的问题和瓶颈，进行深入分析和诊断。这需要团队成员共同参与，通过讨论和交流，发现知识交流过程中可能存在的阻碍。可能的阻碍包括信息不透明、沟通渠道不畅、知识传递不及时等。通过对问题的分析，可以找出根本原因并加以解决。针对分析结果提出优化建议和改进措施。这包括制订针对性的策略和方案，优化知识流程，提高知识共享的效率和质量。例如，可以建立专门的知识共享平台，提供便捷的知识存储和检索功能；也可以加强团队成员之间的沟通和协作，鼓励积极分享和交流经验；另外，也可以采用培训等方式提高团队成员的知识共享意识和能力。对改进措施进行落实和监督，确保知识流程的优化措施得以有效实施。这需要团队领导者和成员共同努力，持续关注知识流程的变化和发展，及时调整和完善知识管理和共享机制，确保知识共享能够顺畅进行，为团队的持续发展和创新提供有力支撑。

（二）用户行为分析

用户行为分析的首要任务是收集和整理团队成员在知识管理系统中的使用数据。这包括用户的登录频率、浏览记录、搜索行为、下载和上传资料等方面的数据。通过收集这些数据，可以全面了解团队成员在系统中的行为特征和习惯。对用户行为数据进行统计和分析，发现其中的规律和趋势。通过对数据的分析，可以了解团队成员对知识管理系统的偏好、使用习惯以及存在的问题和需求。例如，可以发现哪些功能被频繁使用、哪些功能被忽视、哪些操作流程存在障碍等。针对分析结果提出优化建议和改进措施。根据团队成员的实际需求和行为特征，制订针对性的优化策略，提高系统的用户体验和使用效率。例如，可以优化系统的界面设计，提升用户友好度；也可以改进搜索功能，增加搜索的准确性和便捷性；另外，还可以加强对用户操作的引导和培训，提高用户的使用技能和意识。对优化建议进行实施和跟踪，确保改进措施的有效性和持续性。这需要系统管理员和团队管理者密切合作，及时调整系统功能和服务，满足用户的需求和期望。同时，也需要不断收集和分析用户行为数据，跟踪系统的使用情况，及时调整和完善优化策略，确保系统的持续改进和优化。

（三）知识关联挖掘

知识关联挖掘是一种利用数据挖掘技术来发现知识之间关联性的方法，旨在帮助团队成员更好地理解知识之间的联系，从而激发他们的创新思维和灵感。在知识管理系统中，通常存在大量的知识数据，包括文本、图片、视频等形式的知识，而这些知识之间可能存在着复杂而隐含的关联关系。

知识关联挖掘可以通过多种技术和方法来实现。其中，最常用的技术之一是关联规则挖掘，它通过分析知识数据集中的频繁项集和关联规则，发现知识之间的关联性。此外，还可以利用聚类分析、文本挖掘、网络分析等方法，从不同的角度和层次挖掘知识之间的关联关系。通过知识关联挖掘，团队成员可以更加深入地理解知识之间的内在联系。例如，他们可以发现不同知识之间的共同特征、相关主题或者潜在关联，从而拓宽思维视野，激发创新灵感。这有助于促进团队成员之间的知识交流和合作，提高团队的创新能力和竞争力。

通过发现知识之间的关联性，可以为团队成员提供更加个性化和精准的知识推荐。通过分析团队成员的知识需求和行为模式，系统可以根据用户的兴趣和偏好，向他们推荐相关的知识内容，提高知识获取的效率和质量。知识关联挖掘不仅可以帮助团队成员更好地理解现有知识，还可以为团队的知识创新和发现提供新的思路和方法。通过挖掘知识之间的关联关系，可以发现新的知识领域、潜在的创新点和机会，从而为团队的创新活动提供有力支持。

（四）价值评估指标

建立知识管理系统的价值评估指标体系是为了全面评估系统对团队创新能力和绩效提升的贡献。这一指标体系应当包含多个方面的考量，既要考虑到系统的效率和功能性，也要考虑到系统对团队整体工作的影响以及创新潜力的释放。

一个完善的价值评估指标体系应当包含多个维度，其中一个重要的维度是系统的效率。这包括系统的响应速度、用户体验、操作便捷性等方面，这些指标可以直接反映系统对团队工作效率的提升程度。另一个重要的维度是系统的功能性。这包括系统是否满足了团队成员的各种需求，是否具备了足够的灵活性和定制性，以及系统的稳定性和可靠性等方面。此外，还应考虑到系统对团队协作和沟通的支持程度，以及系统对知识共享和学习的促进作用。价值评估指标体系还应包含系统对团队创新能力和绩效提升的直接影响的考量。这包括系统对知识管理的贡献，是否能够帮助团队成员更好地发现、利用和创造知识，是否能够提高团队的创新能力和竞争力。此外，还需要考虑到系统对团队绩效的影响，包括生产效率的提升、工作质量的改善、团队协作的加强等方面。

在建立价值评估指标体系时，还应当考虑到指标之间的相互关联和综合性评估。这意味着不同的指标可能会相互影响，因此在评估系统的价值时需要综合考量各个方面的因素，并进行权衡和综合分析。此外，还应该根据团队的具体情况和需求，灵活调整和优化指标体系，以确保评估结果的准确性和有效性。建立价值评估指标体系不仅是为了评估知识管理系统本身的价值，更重要的是为团队提供决策支持和改进方向。通过对系统价值的全面评估，团队可以发现系统存在的问题和不足之处，进而采取相应的措施进行优化和改进，以提高团队的整体工作效率和创新能力。因此，建立一个科学合理的价值评估指标体系对于团队的持续发展和进步具有重要意义。

参考文献

[1] 程秀峰，严中华. 大数据技术原理与应用 [M]. 北京：科学出版社, 2022.

[2] 李昉. 大数据平台架构 [M]. 北京：电子工业出版社, 2022.

[3] 王秀利，吴新松，王辉. 大数据治理与服务 [M]. 北京：高等教育出版社, 2022.

[4] 沙健，赵亚斌. 智能制造时代下的班组管理 [M]. 合肥：中国科学技术大学出版社, 2021.

[5] "班组安全 100 丛书"编委会. 机械制造企业班组安全生产事故分析精编 [M]. 北京：中国劳动社会保障出版社, 2020.

[6] 杨剑，黄英. 班组长人员管理培训教程 [M]. 北京：化学工业出版社, 2017.

[7] 胡凡启. 现代企业车间和班组管理 [M]. 北京：中国水利水电出版社, 2010.

[8] 夏睿. 大数据时代汽车制造领域的问题管理模型分析 [J]. 中国科技纵横, 2018（19）：19-20.

[9] 朱志国 . 浅谈汽车制造企业——班组长工段长选拔评估现状及发展 [J]. 装备制造技术 ,2013（5）：232-234.

[10] 王江涛 , 陈旭亮 , 秦大伟 . 汽车生产线班组成本管理方法与措施研究 [J]. 汽车世界·车辆工程技术 ,2019（13）：221.

[11] 胡登兴 , 王青山 . 适应先进制造技术的班组管理工作的思考 [J]. 科学中国人 ,2015（26）：83.

[12] 李婷 , 陈昌培 . 优化的绩效管理在班组安全建设及班组长培养中的应用 [J]. 安全 ,2020（10）：77-80.

[13] 王婷 , 彭腾腾 . 汽车制造业作业成本管理的数字化系统研究 [J]. 制造业自动化 ,2012（19）：88-90，99.

[14] 杨振兴 . 汽车制造厂进阶式班组安全建设探索与实践 [J]. 安全与健康 ,2022（2）：59-63.

[15] 花昀 . 汽车制造企业班组安全管理实践 [J]. 上海安全生产 ,2012（2）：60-61，64.

[16] 傅松林 . 加强汽车零部件制造企业班组建设的思考 [J]. 轻型汽车技术 ,2013（C3）：58-59.

[17] 郭瑞敏 . 论汽车整车制造企业班组安全管理 [J]. 机电安全 ,2012（11）：24-26.

[18] 张华强 . 论汽车制造企业总装车间的班组管理工作 [J]. 标准科学 ,2010（6）：12-15.

[19] 程勇 , 林洪燕 . 制造企业班组建设实践探索 [J]. 中国战略新兴产业 (理论版),2019（23）：84.

[20] 陈争光 , 王跃华 , 裴磊磊 . 浅谈班组自主经营管理 [J]. 新晋商 ,2020（3）：40-42.

[21] 陈杨杨 . 汽车制造企业班组长型人才培养思路探析 [J]. 专用汽车 ,2023（11）：122-124.